JN156943

そ　の　先　の　海　フ　ラ　イ

◎『海フライの本』（2006）以降、国内外の海でフライフィッシングを楽しむフライフィッシャーは、着実に増えてきた。海の魚を港や堤防、河口などの岸からフライフィッシングで〈狙って釣る〉には、海フライならではのキャスティングとラインシステム、リトリーブが必要だ。技術を高め知識と経験を深めるほどに、その先の海フライの世界が開けてくる。

フ　ラ　イ　で　釣　る　快　感

知　ら　な　い　海　へ　！

◎全国ほとんどの沿岸にいるアジ、カマスは海フライで釣る戦術をたてやすい。仲間と情報交換しながら釣れば楽しさも倍増する。腕の差が出る魚でもある。ロウニンアジ、ギンガメアジなどのヒラアジ類は近年生息域をひろげている。探り方次第で岸から釣れる魚種はもっと増えるはずだ。未知の魚との出会いは記憶に刻まれる。

◎堤防、港、砂浜、河口、島…、海フライのフィールドは無限だ。シンキングラインを遠投し、ストリーマーを引くのが海フライの基本。季節と天候、潮とタイミングで魚の居場所は変わる。今日はどんな出会いがあるだろうか。安全第一でルールとマナーを守って楽しい釣りをしよう。

海のフライフィッシング教書

THE ADVANCED GUIDANCE OF SALTWATER FLY FISHING

Author Tatsuo Chuman

中馬達雄

フライの雑誌

はじめに

近年、海でフライフィッシングをしようとする人が増えてきました。最初は「何か釣れればいい」から、「1匹でも釣れれば楽しい」に変わってきたようです。本書はさらに「海で思い通りに釣りたい」という、もう少し先の楽しみの欲を持ち始めた人に読んでもらいたい内容です。

海のフライフィッシングを日常の釣りとして、試行錯誤を重ねてきました。海のストリーマーの釣りは〝投げて、沈めて、引いて釣る〟という単純な作業です。そこ

には奥深く幅広いバリエーションがあり、様々な魚種が数多く釣れる可能性があることを説きたいと思います。

　魚釣りは釣ってなんぼの世界ですが、フライフィッシングの釣り方の面白さと対象魚の豊富さは、他の釣りに引けを取りません。ふだん川や湖でフライフィッシングを楽しんでいる方は、その経験が海で役に立ちます。

　すでに海フライを手探りしていて、行き詰まりを感じている方は、本書がその先を知るための手がかりになることでしょう。

　今まで誰も心に留めなかったことが、本書では常識として記されているかもしれません。ある人にとっては、本書は冒険の旅への入り口だったり、道しるべとなるでしょう。

　海に囲まれた日本にあって、本書が皆様の新しくて楽しいフライフィッシングの手助けになれば幸いです。

中馬達雄

INDEX

海フライの本③　海のフライフィッシング教書

I
その先の海フライ

毎年毎年、海と魚の状況は変わります。まぐれで数匹釣って喜んでいたら、それで終わりです。

海へ行きましょう。今まで経験したことのないセンセーショナルな釣りに、明日の海で出会えるかもしれません。その先にあるはずの、もっと楽しい海フライを目指しましょう。

I

その先の海フライ

釣具屋の息子の私は、小さい頃から釣りをしてきました。川も堤防も磯釣りも船釣りもやってきました。川も湖も海も自分の中では同じ延長線上にありました。

1970年代後半､目の前の海でフライフィッシングを始めました。おかっぱり（岸から）の釣りが主になるのは必然でした。

今はだいたい、自宅から半径50キロ圏内の港、堤防、磯、河口を日常のフィールドにしています。片道50キロのポイントなら往復で２時間、釣り１時間の３時間あれば、仕事前に毎日釣りができます。

もちろん一人ではすべてのポイントをカバーしきれません。私が行けないポイントには誰かが行って、互いに情報を共有しています。海には禁漁期がありません。季節ごとに変化する魚種とポイントを追いかけて、一年中海のフライフィッシングを楽しんでいます。

春はカマス

毎年３月末からカマス探りが始まります。カマスが産卵のために接岸するまでは、１匹も釣れません。２週間も毎朝ボウズが続くと、精神的にも疲労がたまってきます。それでも今日こそはと走るのは、接岸の初日から入れ食いになるからです。

半径50キロ以内に何カ所もカマスポイントがありますが、最大２ヶ月も接岸時期が違います。仲間で一番乗りを競い合います。

投げて沈めて引くだけの釣りで、30センチオーバー、時には40センチのアカカマスに当たります。その日の距離、深さ、スピード、フライサイズのベストパターンを探り当てられれば､1時間あたり20匹を超えます。

春先はヒラスズキがもう一つの楽しみです。サラシのあるなしに関係なく、堤防から釣っています。思い通りに釣れるようになるまで何年もかかりましたが、今は１本目を釣った後は、やりとりの練習用に他人へポイントを譲るようになりました。

５月末になると、マルアジ（アオアジ）のライズが始まり、春カマスとバッティングします。梅雨になると、カマスも早朝だけでなく、昼間にも釣れるようになります。早朝にマルアジを釣った後、カマスのポイントへと移動します。それでも自宅へ午前９時には帰ってこられます。

夏はシイラ

梅雨の後半からは春カマスの仔、10～20センチの通称ピンカマス釣りが最盛期を迎えます。とにかく数が釣れます。フライを２本結べば50投して100匹釣れます。100匹釣るのには100分で充分です。唐揚げがおいしいサイズです。

７月半ばに湾に入ってきたシイラの稚魚は８月に入ると40センチ前後になり、堤防から釣れるようになります。おかっぱりのシイラは船からの大物シイラとはひと味違った面白さです。釣り人の技術の差がはっきり出るので、毎朝熱中しすぎて、シイラが来た夏は日中の仕事ができません。

秋はいそがしい

台風の直撃を逃れた年は、シイラは9月まで湾内にとどまります。55センチを超えると6番ロッドではコントロール不能になるほどのパワーとスピードがあります。フライリールのドラグ操作で遊べる楽しい釣りです。

カマス、セイゴ、フッコ、カンパチ、ギンガメアジ、ロウニンアジなどのヒラアジ類、ソーダカツオ、ヒラスズキ。秋が一番忙しい時期です。気候も過ごしやすく、日中に複数のポイントを釣ることもできます。

カマスもセイゴもたくさん数が釣れるので、入れ食い状態に飽きてきます。そこで釣り方やフライパターンなどでいろいろと遊びます。新しい釣り方とフライパターンは、秋に誕生するケースが多いのです。釣れなかった日の原因も、入れ食いの日があるからこそ分かることです。

冬はタイイング

11月からは釣り場へ行く回数が減ります。理由は夜明けが遅くなるので、仕事前の朝の釣り時間がとれなくなること。次に寒がりの私には低気温が耐えられないこと。この地方特有の北西の季節風に6番ラインでは立ち向かえないことです。

風のない日、陽が高くなってから出かけていっても大丈夫な魚がいます。ロウニンアジやカイワリにエビフライを超スローリトリーブして、一冬で数本のフライラインを根ズレで切ります。濁りの日にはタチウオなども釣れます。

自分の釣りが減る分、他人の釣りをじっくり聞き取って検証します。一年でもっとも会話も酒の量も増えるシーズンです。1月、2月、3月はフライタイイングに明け暮れます。カマス用だけでも800本のフライをストックします。

この10年ほどで地元の魚種はかなり入れ替わりました。たくさんいたヒラアジ類のシーズンが極端に短くなり、冬場の海フライのターゲットに新しい魚種、ホウセキキントキが加わりました。

キャリアの質が効く

日本中に、海のフライフィッシングのターゲットは本当にいっぱいいます。

その中のたった一つの魚種でも、新しくフライフィッシングで釣る方法を見つけようと思うと、毎日探って試して、大勢の仲間のエネルギーに助けてもらって、何年もかけても、まだ分からないことだらけです。

他人からもらった「釣れている」という情報で東奔西走して、多くの魚種へ手を広げると、よくてただ一匹釣った、で終わります。

ポイントはもちろん、数も大きさもよく釣れる釣り方も、もっといいアプローチがあるかもしれないのに、自分で探ろうという意志を見せなければ、何も分からないままで終わってしまいます。

入れ食いだよとか、大物が釣れるよ、という情報や結果を安直に求めてはいけません。

それまでの経緯が大切です。

キャリアの長さではなくて質が効くのです。釣れない釣りを日常的に重ねてきた人が、そのうち必ずいい釣りをできるようになります。

場数を踏めば、知らないうちに腕が上がり、結果として自信がつきます。釣った時の条件を肌で覚えます。その積み重ねです。

釣りの腕を上げよう

フライフィッシングは準備が必要な釣りです。あんなに面倒くさい釣りはしたくないと言う人もいます。じつは海でも渓流のフライフィッシングでも同じことです。

しかも海のフライフィッシングは、キャスティング技術も、タックルの考え方も、必要なラインシステムも、リトリーブのバリエーションも、淡水の川や湖のフライフィッシングと多くの部分で異なります。

キャスティングと釣りは別物ですが、海フライを楽しむために、キャスティングは必需品です。海に行けば1ヤードでも遠くでかけたいと思うはずです。自然の条件下で自分の思い通りに、気持ちよく遠くへ投げて釣る面白さに気づきます。

普段使いのフライパターンはとてもシンプルです。それは使い捨てを前提としていて、弾数がたくさん必要だからです。簡単に巻けるストリーマーを根がかり覚悟で気軽に使うことで、色んな情報を覚えます。たくさん巻けば巻くほど、フライが自分の型になっていきます。

魚釣りそのものの技術やデータも、同じです。自分が汗をかかずにおいしいところだけ欲しがっても釣れないし、フライフィッシングとして面白くないでしょう。

魚を探す、ポイントを探すのも、釣りの楽しみです。一人では難しくても何人かで手分けすれば濃密なデータができます。

海をどん欲に楽しむために、皆んなで釣りの腕を上げましょう。釣りの腕とは、キャスト、カウントダウン、リトリーブ、魚とのやりとり、それらの全てです。

数をたくさん釣ろう

この本を手にとってくださった方は、海フライに興味をもってくださっている方だと思います。何はともあれ海へ行きましょう。

一匹釣れば、二匹目、三匹目の欲がでます。その欲を満たすためには何が足りないのか。何を身につければいいのかが見えてきます。

海辺へ車を走らせ、止めて、降りて、道具を組んでキャストしましょう。何かの反応があれば、釣れなかったとしても、翌週にまた同じ場所へ行きたくなります。今度は釣れるかもしれない。自分の足と自分の目で探った釣りは、身体に染み込みます。

どんな魚種でもいいから、とにかく魚の数をたくさん釣ってください。数を釣ればゆとりと遊びが生まれます。カマスでもセイゴでもヒラアジでもメバルでも、何でもいいです。釣り方、フライパターン、リトリーブなどを色々と遊んでみてください。

ゆとりと遊びの中から新しい発想とそれまで知らなかった喜びが見つかります。

明日の海へ

海フライにおける山の頂上はいくつもあります。高い山でも、山頂近くまでロープウェイで上がるルートもあります。南の島で船をチャーターして大物を釣らせてもらうのはこれです。自分の足で山を登った達成感は、おかっぱりのフライフィッシングでこそ得られるものと私は思っています。

釣れる魚種、ポイント、釣り方をゼロから開拓する作業を〝探り〟と呼びます。

探りに終わりはありません。ボウズの時ほど学ぶことは多いのです。自分で這いずり回って苦労していれば、他人のボウズの情報にさえ価値が出てきます。海岸でヒスイを探し当てるようなものです。

毎年毎年、海と魚の状況は変わります。まぐれで数匹釣って喜んでいたら、それで終わりです。

今まで経験したことのないセンセーショナルな釣りに、明日の海で出会えるかもしれません。まぐれのその先を目指しましょう。

海のフライフィッシングは、まだまだ進化の途中です。釣り場へ行けば釣りのイメージがふくらみます。腕も上がります。助走が長い分、イメージ通りに釣れたときの喜びは大きいのです。

おかっぱりの海のフライフィッシングをもっと楽しむためのアイデアの一例を、次の章からくわしく解説していきます。

COLUMN

海のフライと川のフライ

渓流のフライフィッシングでは、私は細かいフライパターンに興味がありませんでした。テクニックの進化にも背を向けて、雑な釣りを続けてきました。

そのおかげで、海フライにおいては、先端についているフライ以外のタックルと、キャスティングを含めた釣りのテクニックを、40年間追求してくることになりました。

にせもののフライをどういじくろうが、根本的なアプローチが間違っていれば、海ではそこそこしか釣れません。

私は昔、渓流の淵にいるマスを全部釣ろうと思っていました。今、目の前の海という淵の魚を、全部釣りたいと思っています。

湾にいる魚をぜんぶ釣ってやろう。釣れるはずだ。魚はいる。いるのに釣れない。なんでだ。なにが悪いんだ。キャストかラインかリトリーブか。驚かせてしまったのか。—

20年前、釣りに行った港でオートバイの事故を起こしてケガをしてから、私は渓流歩きはできなくなりました。川釣りはもっぱら里川のハヤ（オイカワ、カワムツ）釣りだけです。

ケガから復帰したある日、働き盛りに死んだ釣友との最後の会話—「元気になったらハヤ釣りしような。」という約束を一人で果たそうと、一人で思い出の川辺に立ちました。

土手の草地で滑って怖い思いをしても、何度も同じ川のほとりへ行きました。するとその内に身体が慣れて、数年でテトラポッドも、港の細い堤防の上も歩けるようになりました。

毎年いい季節には、時にはバンブーロッドを使ってハヤ釣りを楽しんでいます。

エサ釣り出身の私は、エサに近づこうとするニンフの釣りに興味は湧きません。

ドライフライ・オンリーです。

年がら年中、海でシンキングラインを引っ張り回していると、繊細な番手のフローティングラインとドライフライを使ったフライフィッシングが、楽しくて仕方がありません。

海のフライフィッシングで、6番ロッドを使って2キログラム級のカンパチと限界寸前まで力勝負した後は、昇天します。

川へハヤ釣りへ行って、フックサイズ #20 のミッジを20ヤードキャストして、プレゼンテーションと同時に、水面が小さくさく裂。アワセが決まって、10センチのハヤが掛かった時は、やはり昇天します。

どちらも同じフライフィッシングの喜びです。

II
一にも二にもキャスティング

フライキャスティングが上手いということと、釣りが巧いということは一致しません。ただ、キャスティングが上手くないと、釣りの幅が非常に狭くなります。

どんな釣りでものめり込めば奥が深い。フライフィッシングはのめり込む前の敷居が高い。それは昔から変わらないのです。

最初のハードルがキャスティングです。

Ⅱ - 1

最初のハードル、フライキャスティング

25ヤードしかきれいに投げられない人には、それ以上先で起こるライズは当然釣れません。後述しますが､私たちの仲間が使っているフライラインは、45ヤードの長さは普通です。それだけの長さが釣りに必要なのです。そして30ヤード以上先で魚をかけることは日常です。

海フライで満足のいくフライキャスティングができるかできないか。それは釣り以前の問題です。キャスティングができて初めて、海フライのスタートラインに立てるのです。

フォルスキャスト2回で30ヤード

陸からの海フライでは、重いフライをつけて、向かい風や横風の中でも少ないフォルスキャストで、30ヤードをコンスタントに投げ続けられるキャスティングを身につけましょう。

川釣りの出身者に多いのが、ラインホールなし、もしくは全く効果のないホールで手首を使いすぎたスリークォーターキャストです。そのキャストで＃18どころか＃1/0のステンレスフックを釣り場で振りまわすのは、周りの人にとって大変危険です。

海フライのキャスティングには、少ないフォルスキャストと十分な距離が要求されます。ピンポイントへの正確さはナブラ叩き以外では必要ではありません。

重いヘッドやスカジットラインを使った、ジェット天秤をぶん投げるようなキャスティングではなく、普通のキャストでもっと飛ばせます。最近の＃6ロッドとラインなら、2回のフォルスと1回のダブルホールで30ヤード飛ばせるはずです。

川のショートキャスト、池のバチャバチャ・キャストしか経験のない人は、最初は苦労するでしょう。逆に海のロングキャストから川のピンポイントキャストに移った人は苦労しません。

ラインが飛ぶ距離は＃6も＃11も変わりありません。高番手だから飛ぶだろうというのは勘違いです。

大切なのは力ではない

川や湖でも同様ですが、海フライでは風対策と距離を出すために、ホールが特に重要です。海フライを始めてから現在までずっと、シューティングスピードを上げるホールを練習してきたのは、力を入れずにワン・ツー・スリーで30ヤード先にストリーマーを置きたいからです。

シングルハンドで飛ばないからとダブルハンドに乗り換えても、飛ばせないでしょう。安易にダブルハンドロッドを使ったところで風にも弱いですし、きれいなプレゼンテーションからも遠ざかってしまいます。ダブルハンドロッドでは、したくてもラインホールができません。

＃6と＃8ライン、フローティングとタイプ6のシンキングでは、空気抵抗に大差がありますので、本来のラインスピードが全く違います。軽くて太いラインなのにロッドスピードでラインスピードを上げようと

すると、ホールのタイミングが全く合わなくなります。シングルハンドもダブルハンドも同じです。力で飛ばす人は＃６で20ヤード、＃８で23ヤードが限界でしょう。

教え方を学べば自分も学ぶ

私が約45年前に鹿児島でフライを始めたころは、当然自己流のキャストでした。始めは悲惨なものでした。27歳のとき、師匠の英国人、オムリ・トーマス氏に出会いました。氏に教えてもらったことで、私のキャスティングが劇的に変わりました。

レッスンはたった４日間でした。その３日間で基本のループからシングルホールの始めまで教えてもらいました。３日目に「もっと上達するにはどうすればいいですか？」と聞くと、「たくさんの人を教えなさい。そこから学べる。」と言われました。

最後の４日目は、フライキャスティングの教え方をレクチャーされました。

自己流を抜けるのは大変だ

地元に戻った私は、生徒さん第一号と、キャスティング練習を始めました。

オムリ氏に習った通り、最初は、９～16ヤードの基本ループから半身の軽いシングルホールで20ヤードのラインを出します。

その後は、長いシングルホールで25ヤードを出します。強いシングルホールでバックラインが左手を引き上げるようになれば、ダブルホールの完成です。

３年後に生徒さんは私よりうまくなって、どちらが生徒か分からなくなりました。

未経験の初心者は数カ月から１年で基本のキャスティングを覚えますが、自己流に慣れている私は苦労しました。私はできの悪い生徒の一人でした。

出始めの頃のビデオカメラも導入しました。生徒さんのキャスティングの悪い癖を、私がコピーして本人に見せました。おかげでいろんな人の癖のあるキャストが真似できるようになりました。そんなことを何年も繰り返すうちに、私は自然とキャスティング・プロではなく、レッスン・プロになってゆきました。

生徒と釣り場に教えられたキャスティング

ある年、東京晴海の釣り具見本市で、ある方に一つのキャスティング法を教えてもらいました。それが若き日の川本勉氏だったと知ったのは最近です。私は自分が生徒に教えられるようになるまで、そのキャストを練習しました。いま地元のマルアジの釣り場で、背後の３メートルの壁を越すときに有効です。

初めから日本のフライ業界の主流から外れていた私は、今に至るまでほとんど現在のフライ業界のどなたとも交流はありません。40年の年月がオムリ氏にならったキャスティングを変化させました。もうほとんど原型をとどめないほどです。

私のキャスティングは生徒さんたちと、地元の釣り場がそだててくれました。

Ⅱ-2

自分のキャスティング・スタイルを創ろう

投げられないと始まらない

思い通りの釣りをするのに最低限必要不可欠なものが、キャスティングの技術です。

若いころ、浜から5メートルも投げればキスが釣れた時代に、キスの遠投で父親に歯が立ちませんでした。かご遠投釣りでは、居並ぶ先輩おやじに距離で勝てませんでした。撒き餌の効いたところまで投げられないと良型は釣れません。

20代の頃にルアーのアキュラシー（的あて）キャストをシャグ・シャヒドー氏に、フライキャスティングをオムリ・トーマス氏に習ってから、私の釣りの世界が変わりました。そして釣りを成就させるためのキャスティングの練習も楽しくなりました。

ルアーの正確なキャスティングを一度身につけると、自転車乗りと同じで身体は忘れません。長いブランクがあっても、短期間でピーク時に近く戻せます。

フライキャスティングは、ブランクがあると身体が忘れてしまいます。頭はピーク時のイメージを憶えているので、理想とのギャップのジレンマに負けて、ピーク時のレベルが高い人ほど、半分も回復しません。

フライキャスティングは一生が練習

腕を落とさないためにも、高みを目指すためにも、フライは一生が練習なのです。

師匠は4日間の終わりにこう言いました。「これからは私の教えたことと相談しながら、あなたのキャスティングを創っていきなさい。レイジェフもチャンドラーも18世紀の古めかしい基本から始め、自分のキャストを創りあげた。それは毎日の練習と、人を教えることで達成できるだろう。」

師匠の言葉を「人の振り見て、我が振り直せ」と翻訳して、座右の銘としました。キャスティングを教えることが自分のためにもなるので、私はこの40年間ずっと、週二回以上無料でキャスティング・レッスンをしてきました。その数400人を超えました。

基本から学び直すフライキャスティング

先入観のない初心者ほどかんたんに化けることができます。だまされたと思って、やってみてください。

まず6番ロッドと6番のフローティングライン、テーパーリーダーを用意します。フライはつけません。

1. グリップはサムオントップ

人によって合う合わないはありますが、まずサムオントップで3ヶ月やってみましょう。親指さえ真上に乗ればいいのではありません。小指と薬指だけで握って、ロッドエンドが腕に密着するように親指で押えます。人差し指と中指は添えるだけです。手首を一切使わないと、ヒジから先がロッドと一体となります。　**図1**

2. まっすぐ振る

ロッドを平面で移動させるとよく言われますが、これは人によっては無理です。完全な平面上でなくてもかまいません。

9フィートロッドで、平面からのブレが5～15センチに収まる幅で振れればいいと思います。高い壁に肩を寄せて練習しましょう。フライラインは指で固定しておきます。

3. スローラインで振る

ロッドの性能と自分にとって、可能な限りのスロースピードラインを振ってみましょう。ラインはロッドスピードで投げるものではありません。ラインスピードはホールのスピードで上げるものですから、まずラインスピードを失速寸前まで落として振り続けてみます。

4. ロッドの振り幅を狭くする

ロッドのアクションで振り幅は違ってきます。バックキャストをほぼ垂直で止めて、フォワードキャストのとき、リーダーが頭とトップガイドの中間あたりを通るくらいの振り幅が、そのロッドの基本の振り幅です。**図2**

ループはテイリングして形も悪くなりますが、失速寸前でもラインはちゃんとターンオーバーするはずです。9～12ヤードのラインを、以上の四項目を守って振れば、そのロッドのティップの性能が分かります。

5. 椅子に座って振る

肩までの高さの背もたれ椅子に深く座って、正面を向いて振ります。ラインの長さは9～16ヤードまで、ほんの少しずつロッドスピードを上げていきます。 **図3**

6. 半身で振る

椅子を45度回転させ、深く座って首だけ正面を向きます。16ヤードまでラインの長さを変えながら振ってみてください。時々前後にラインを落として方向を確かめましょう。

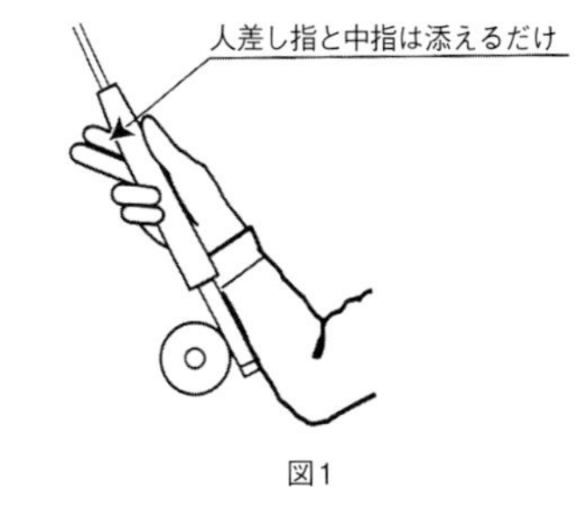

図1

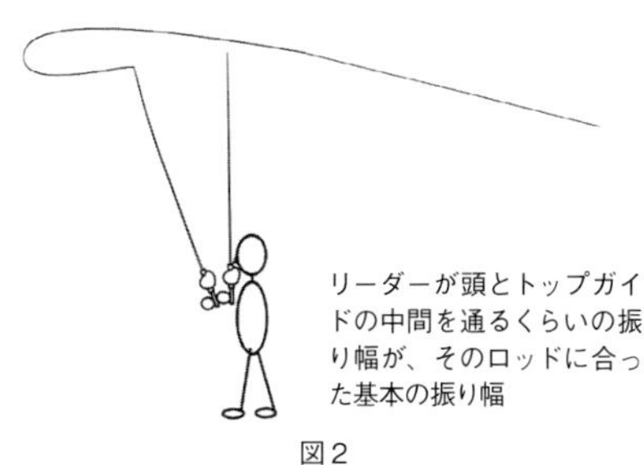

図2

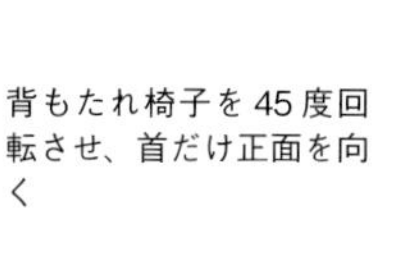

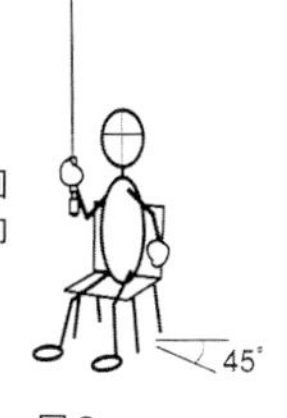

図3

7. 片足で立って振る

ロッドハンド側の片足で立って振ります。手首、腕、肱、肩、腰の動きが一体にならず、勝手な動きをしたら、片足立ちができません。力を抜いてゆっくりと10分間振り続けられたらＯＫ。ここまでの段階でうまくいかなければ必ずラインを9ヤードまで短くしてやり直しましょう。

8. 両足で立って振る

体の向きは45度。足を肩幅分開いて立ってから、かかとを合わせます。決して肩幅以上に足をひろげません。膝を曲げずに、ロッドの動きと一緒に体重移動して振ります。体がねじれたらラインに現れます。ループをよく見てチェックしましょう。 **図4**

9. ラインを離す

16ヤードくらいの長さのゆっくりとしたループが頭上で視野に入った途端、固定していた指からラインを離してみましょう。スルスルと飛んでいくはずです。

ここまでのレッスンは地味でしたので、ラインがスルスルと伸びるのがうれしくて、次のキャストでは途端にフォワードキャストに力が入るでしょう。するとドツボにはまります。迷ったら**3.**まで戻ってくり返しましょう。

10. バックキャストのタイミング

フォワードからバックキャストに移るタイミングは目で見てチェックします。わざと長めのリーダーをつけて、ウインドノットがどこにできるかを確認します。

バット部ではなくてティペット部にできるようになれば、タイミングは気にしなくて大丈夫です。後の段階になれば自然と解消します。バックからフォワードに移るタイミングは、気にすればするほど早くなる傾向があります。人についてもらってタイミングを見てもらうといいでしょう。

11. シングルホール（ラインを張るホール）

ホールのタイミングを身体に覚えさせましょう。ホールは引き始めが肝心です。

まず水面に13ヤードのラインをまっすぐ置きます。ロッドは水平、身体は45度の半身。ロッドハンドの肱を脇腹につけてラインハンドをのばせば、ストリッピングガイドのすぐそばのラインをつかめます。 **図5**

ロッドに力をこめてラインをピックアップすると盛大な水しぶきがおきますが、シングルホールの効いたピックアップなら、水面の水しぶきはほんの少しです。そこを目指します。

ホールの引き始めに主導権をもって、ピッと引きます。水平のロッドが**4.**の基本の位置に来るまでに、ホールの半分以上が済んでいること。13ヤードくらいのラインなら、シングルホールを腰の後ろまで引かなくても充分効きます。バックのラインが45度の角度で伸びて、カクンとロッドを引っ張ってくれます。 **図6**

フォワードはゆっくりでも、ラインスピードは上がります。バックで伸びきったラインがロッドを曲げてくれて、その反発力でロッドが勝手にフライラインを前方へ投げてくれたのです。

実は **1.** からここまでがすごく時間がかかります。気長に身体へ覚えさせてください。

一度のシングルホールで水面にラインを落とすところから、シングルホールのフォルスキャストを連続で続けられるようになったら、少しずつバックのラインを伸ばしましょう。おそらく22ヤードが限界のはずです。

12. シングルホールの完成（ラインスピードを上げるホール）

ホールの引き始めは前足に50%以上の体重を乗せます。引き終わりは両足が均等です。そのとき、ロッドは顔の真横を通過しています。見えないと思いますが、イメージすることが大切です。

基本のバックの位置よりちょっと後方で、やっとロッドが止まります。ロッドが止まった瞬間のトップガイドの位置と、そのとき体重の75%が後ろ足に乗っていることに注意しましょう。自分では気づきませんので、誰かに見てもらうとよいでしょう。スタートはスポーツカー、バックストップは老練なお抱え運転手のジワーッとした停止です。

バックストップ時の手首の開きすぎにも注意します。多くの人にとって手首をまったく使わないと肩から腰が疲れます。

ただし、手首が20度以上開いてはロッド

足を肩幅に合わせて立つ。
その後、かかとだけつける。
身体の向きは45度

図4

ロッドハンドの肘を脇腹につけて、ストリッピングガイドすぐそばのラインを、ラインハンドでつかむ

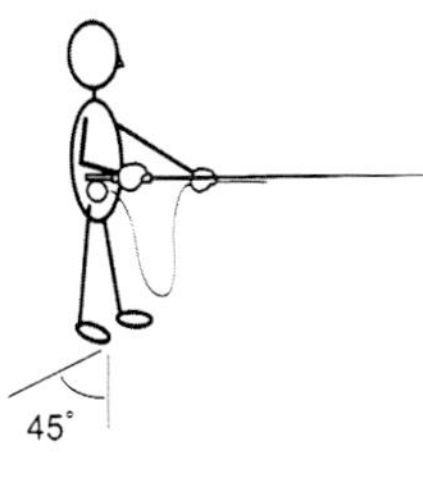

図5

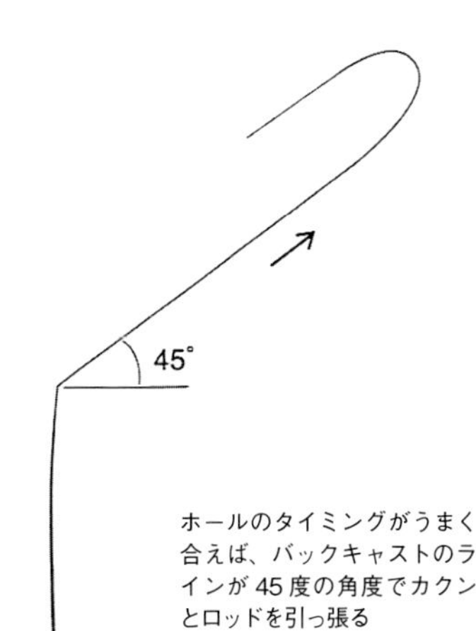

ホールのタイミングがうまく合えば、バックキャストのラインが45度の角度でカクンとロッドを引っ張る

図6

をピタッと止められません。止めたつもりでも後ろから見ると腰も肩もねじれて、ロッドティップは予想もしていない方向を向いてしまいます。**11.** に戻って練習してください。 **図7**

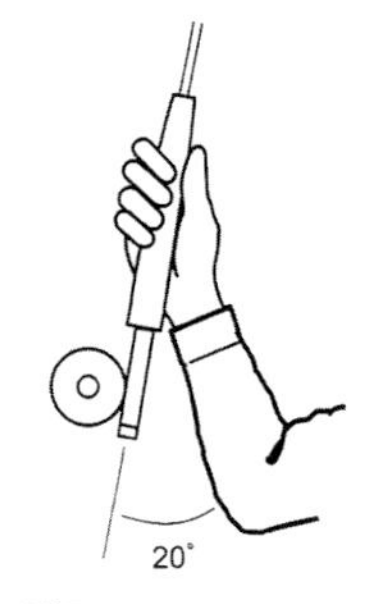

図7

半身であろうとなかろうと、腰や肩をひねらず、ロッドと手首と腕の振りと体重移動を一体化させてスムーズにキャスティングを行なえば、美しいループのスピードが上がり、前後どちらへでも飛んでいきます。

13. ダブルホールで投げる

バックキャストでロッドを止めている間に、ホールの手をロッドのグリップを越えるところまで送っておきます。二の腕があごにつくまで送ります。これができれば、ダブルホールはすぐに完成します。

ダブルホールのタイミングもシングルホールと同じです。めちゃくちゃに力を入れてフォワードキャストしない限り、誰でも自然にダブルホールができます。ただし、ダブルホールを覚えた人の９割がシングルホールを忘れます。おかしいなと思ったら **11.** と **12.** に戻りましょう。

13. ラインをシュートする

あくまでも主導権はホールにあります。あごについた腕を前方から下へ、さらに後ろまで〝ながあく〟引くだけのことです。

ロッドは普段通りに振ってください。振り幅を広くせずに、振り終わったら飛んでいくラインの方向にトップガイドを向けるだけで、ラインは飛んでいきます。

腕を前方へ突き出すと、右利きの人なら左足に全体重が乗り、バランスが崩れて、遅れて右足が一歩前へ出ます。振り終わる前に肘をたたんで脇腹へ戻せば、右足は前へ出ません。ループの先端もするどく尖ります。

ロッドに余分な力が入っていたり、ホールより先にロッドが動くとキャスターは下を向きます。ホールをタイミングよく〝ながあく〟引くと上を向きます。伸び上がるつもりで引いてください。 **図8**

反復あるのみです

６番ラインを振れれば、８番や10番は楽に振れます。毎日練習しましょう。時には **2.** に戻って確認しましょう。釣り場でも一投ごとにキャストを意識しましょう。とくにリーダーがきちんとターンオーバーしているかどうかに注意しましょう。

フライキャスティングの練習は一生続き

シュートの連続イラスト。あごにつけた腕を前方から下へ、さらに後ろまで、「ながあく」引く

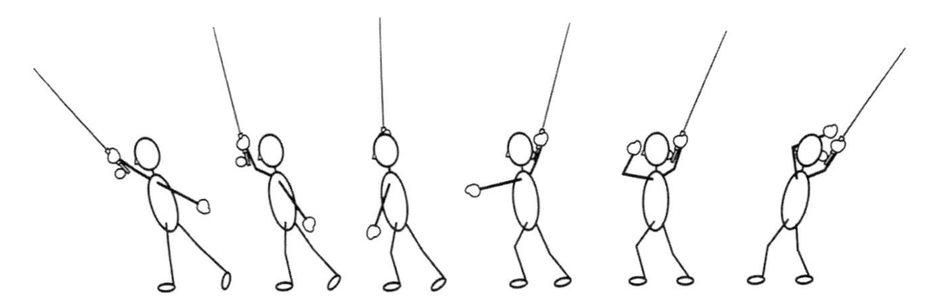

図8

ます。人はキャスティングに個性が出ます。繰り返し練習すれば不器用な人も必ず上達します。ただ年齢による差はでるようです。30代までは半年で **13.** まで行けても、50代以上はその倍かかります。

身体の動きを意識して毎日1時間以内の練習が効果的です。今日できたことが明日はできません。それでも練習あるのみです。

じつは、カマスなら堤防から20ヤードそこそこ投げられれば一応は釣れます。サラシについているヒラスズキ釣りで必要なキャスト距離は10ヤード以内です。

しかしたとえば鹿児島・片浦港の堤防のヒラスズキは、32ヤード先のテトラの脇についています。それを釣るには、フライラインとランニングラインを合わせて合計38ヤードのキャスティング距離で、一投目できちんとフライをターンオーバーさせる必要があります。

海フライの一番の楽しみは、いつでもどんな状況でも、自分のスタイルで気持ちのよいフライキャスティングで釣ることにあると私は考えています。

キャスティング練習は芝生の上で。本書で解説しているキャスティングや実際の釣りの動画をYoutubeで公開しています。「ちゅうまんの夢屋 YUMEYA」で検索してください。右はピックアップからのフォルスなし30ヤードシュートの動画。

Ⅱ - 3

海フライで使える 渓流のキャスト

キャスティングの中・上級篇です。「フライはやはり渓流だ」と思っている方にもぜひ読んでもらいたい内容です。

海で使えるキャストは、実は渓流や湖のキャストと同じです。違いはスピードと距離です。6番ラインで練習し、その後で4番ラインを渓流や湖で余裕を持ってゆったりと使ってください。

タワーキャストは目で確認

壁やテトラポットや木があったり、もの珍しげな通行人が見物したりしていて、背後に障害物のあるポイントは多いものです。こういうところでは、単純にバックのラインの角度を上げます。

イメージはアップキャストです。かなり意識して練習しないと、肘は曲がったまま、上に上がりません。レッスン生の9割が肩から上に肘が上がりません。上げたつもりでも、ロッドが後ろへ倒れてしまう人は、手首を使った広い振り幅が身体に染みついた人です。基本練習へ戻りましょう。

バックのラインは障害物より2メートル以上上げないと、フォワードキャストへのタイミングがとれません。タイミングが早すぎると、障害物に当たらずとも、ウインドノットを作ったり、シュート力やターンオーバーが得られません。逆にタイミングが遅すぎると、ラインは落下して障害物を引っかけます。

バックのラインとフライを目で確認しましょう。「バックを見ろ」と言われてもチラリと視線を送るだけの人は、自分のラインとフライがどのあたりを通過するかが分かりません。後方に置いた自分のバッグを釣ってしまうタイプです。前項「半身で振る」練習に戻りましょう。

水面より2メートル以上高い立ち位置でダウンキャストする時の肘の動きを図に示しました。水面に近い立ち位置でバックに35度以上の角度がある場合は、タワーキャストで20ヤード以上の距離を出すのはとても困難です。 **図1**

サイドキャストで堤防際を攻める

堤防沿いに魚がいるとき、オーバーヘッドで斜めにキャストしても攻め切れません。

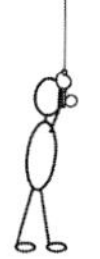

⇦バックキャストはアップキャストを意識する。肘を伸ばして、手首は開かない。トップガイドを頭上で止めるようにすれば、ラインは後方高く飛んでいく。

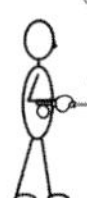

⇧フォワードキャストは、ダウンキャストのイメージで。手首を開かず、肘を脇腹へ叩き込むだけ。頭上から水平、水平以下まで振り下ろす。振り下ろし始めに力を入れて、どんどん力を抜いて下ろす。

図1　タワーキャスト

こんなとき、サイドキャストとリーチキャストを組み合わせると、堤防沿いぎりぎりの攻め方のバリエーションが増えます。

渓流出身のフライフィッシャーは近距離のサイドキャストには慣れているでしょうけれど、高い立ち位置からのサイドキャストで、堤防沿いについている魚を攻めるのは苦手のようです。

肘も手首もオーバーアクションになって、その結果、ワイドループになってしまうと、25ヤード先の壁際ぎりぎりにフライをキャストできません。目視しやすいキャストですので、前後に振るロッドもフライラインも自分の腕も、しっかりと動きを確認しながら練習しましょう。**図2**

Yキャスト（Vキャスト）で方向転換

渓流では初歩的なテクニックのYキャストですが、海でナブラ（ライズ）叩きをするときには、キャスティング距離とラインスピードが要求されます。イメージはVキャストです。

慣れない内は、足ごと方向を変えます。そのうち上半身だけ向きを変えても投げられるようになり、最後は首だけを投げたい方向に向ければ投げられるようになります。

最終的には、目線だけでラインの方向を変えられるようになると、ライズへ向かってフライが勝手に飛んでいきます。**図3**

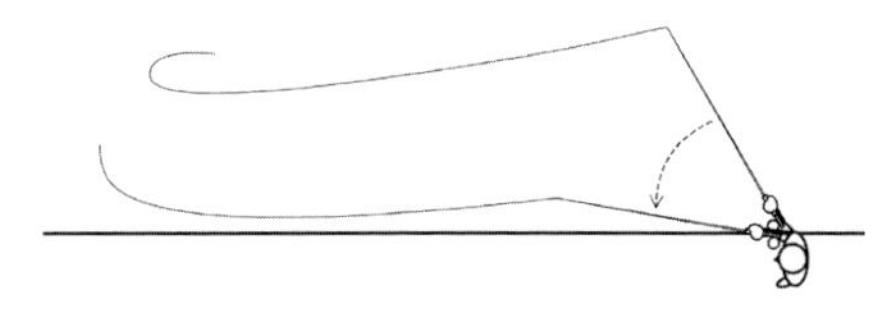

a　通常のキャストの振り幅をサイドに移すだけ。狭く振ってドリフトさせればナローループのまま飛んでいく。上図の状態からリトリーブすれば、堤防に近づきつつ壁際を逃げていくミノーを演出できる。

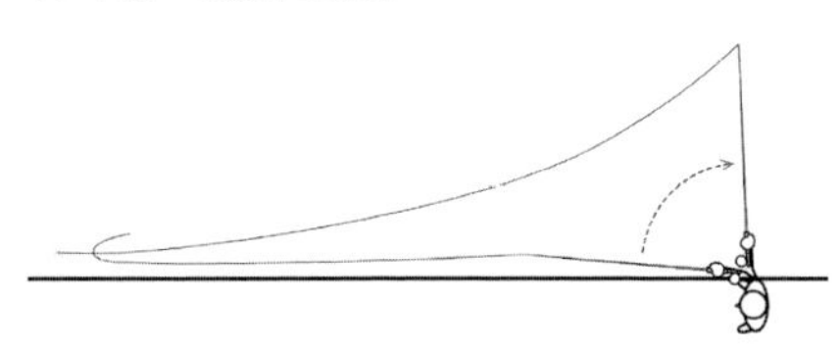

b　堤防から沖へ逃げようとするミノーの動きを演出する場合は逆になる。a. b. 共に、振り終わり寸前、リーチキャストの要領でラインが空中にある間に、ガイドの中のラインを滑らせながら矢印の方向へロッドを動かす。

図2　サイドキャスト

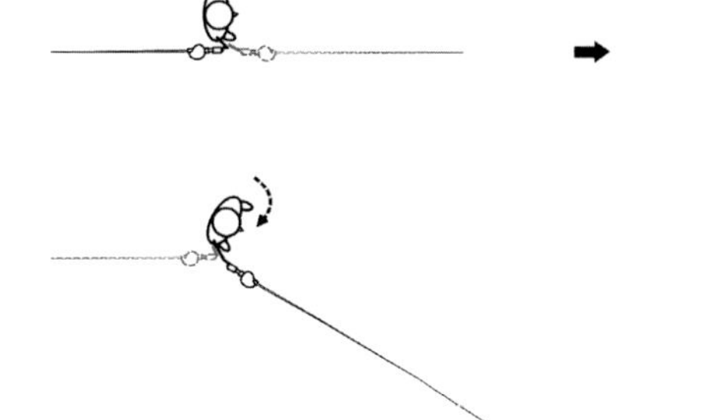

方向転換させるタイミングは、バックキャストでラインが伸びきる前。慣れないうちは、バックキャスト時にロッドをドリフトしながら足を組み替えれば、スムーズに方向を変えられる。ナブラ叩きの釣りには欠かせないキャスト。

図3　Yキャスト（方向転換）

リバースキャストでバックシュート

風とポイントの形状との関係で、ポイントに背を向けてバックキャストでシュートするのが、このリバースキャストです。ただし、25ヤード以上投げるのは困難です。

手首だけで振ったり、力が入りすぎてワイドループになってしまう人は、近距離の基本キャスト練習をやりなおします。ループが形になってもラインスピードが上がらず距離が伸びなければ、シングルホールのタイミングがずれているので、修正してください。

フォワードキャスト時のロッドはなるべく高い位置を保ちます。最後のシングルホールに注意して、バックキャストとシュートの時に力を使いすぎないのがコツです。ラインの飛距離は通常のフォワードシュートに比べて3割減です。

ベルジャンキャストで距離を伸ばす

後方に橋や電線があるとき、タワーキャストで上にラインを通すより、サイドキャストやスリークォーターキャストで障害物の下を通した方が楽です。

ところがサイドキャストの場合、最後のシュートの方向性が安定しないし、距離も伸びません。そこで、最後のシュートだけをオーバーヘッドで振ります。これをベルジャンキャストと呼びます。**図4**

身長160センチの私が9フィートのロッドを立てたとき、トップガイドの高さは地上高420センチです。その高さの電線が4メートル以上後方にあれば、ベルジャンキャストで下を通して、ロングキャストできます。その応用で、オーバーヘッドからサイドキャストでシュートすれば、低い桟橋の下へフライを送り込むことができます。

サイドキャストの終わりで、真後ろにロッドを持ってくるように、回すようにドリフトさせる。バックでラインが伸びきる寸前、肘ごと引きつける。

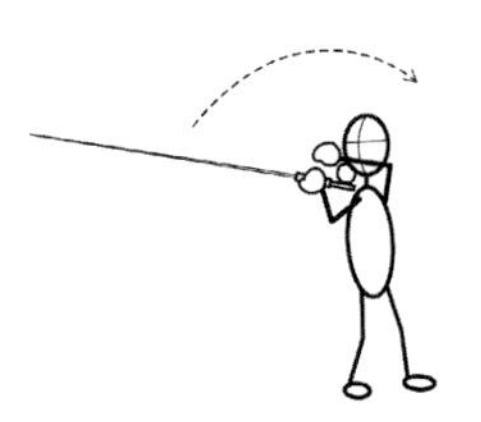

肘ごと引きつけるときに、トップガイドの位置が変わらないように手首を開いて、ロッドが起き上がりすぎないように調整する。必ず目でしっかり確認すること。

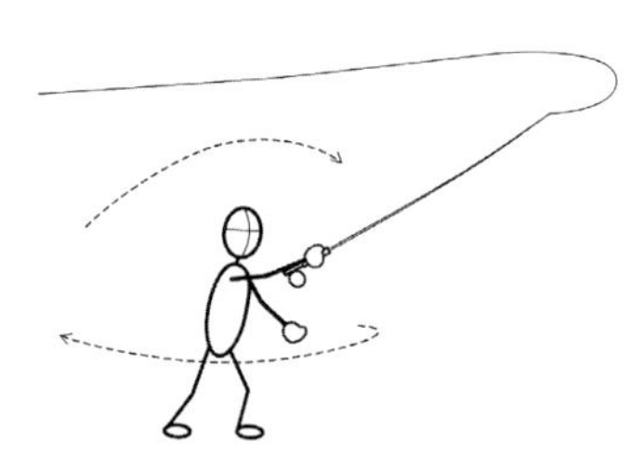

フォワードでのシュートは、開いた手首を閉じる作業とロッドの移動を同調させる。ベルジャンキャストはサイドキャストでのシュートよりも安定性が向上し、距離も伸びる。

図4　ベルジャンキャスト

ST：シューティングヘッド
WF：ウェイトフォワード
DT：ダブルテーパー

ロールアップシュートは速射砲

ライズに速射砲を撃つときに使います。ライズやナブラにキャストが間に合わず、悔しい思いをしてきた釣り人たちの欲望を形にしたオリジナルキャストです。このキャストの完成が長年の念願でした。

ロールアップシュートは、28ヤードをバックキャストたった1回で飛ばします。フローティングラインでもシンキングラインでも変わりありません。必殺4秒キャストとも呼ばれます。

ロールアップ、バックキャスト、シュートの、3つの動きで作られます。このキャストの要点で一番難しいのは、2回連続でシングルホールを入れるところです。

まず、STラインなら10ヤード以内、WFラインなら13～15ヤードのラインを水面におきます。上空でロールさせるために、ホールの左手を顔の位置からスタート。へその位置までの短く鋭いホールで、ロールアップします。ロッドが高い位置で止まったときへそまで引き下ろした左手はすでに顔の前方へ戻しておきます。

ラインが飛び上がったら元の位置からもう一度2回目のシングルホールをして、バックキャストします。この2度目のシングルホールは長く引きます。ループの形をあまり気にせず、バックキャストは広い幅をとり、後方までロッドを傾けてください。

その間、左手は一瞬も止まらず、顔の前を通してバックへ送ります。うまくいけば、後方へラインが伸びます。

うまくいかずに後方へ送った分だけ手元のラインがたるんでしまっても、あわてないことです。バックでラインを少々落下させるくらいの、長め、遅めのタイミングをとって待ってください。

シュートするとき、ロッドは後方水平近くから前方へ向けて150度くらいの振り幅になります。150度のうち1/3から半分ほどは、ロッドはホールと共にラインのたるみをとる仕事をしていることを意識してください。腕力だけで振るとワイドループになって失速します。

ロッドが頭の横を通過するときに、グリップを親指で強く押して、バット部を曲げてやります。この時、サムオントップのグリップがずれている人、リールがいつのまにか横を向いている人は、バットを曲げることができません。

ロッドにラインが乗ったなと感じるのは、シュートしている途中です。感じたら、振る力は抜いて親指で押すだけにします。ループが形成され、飛んでいくはずです。 **図5**

30ヤード先まで一発で届く

ロールアップシュートがうまくいけば、25～30ヤード先付近のライズまで、6番のSTラインを使ってピックアップから約3.5秒から4秒でキャストできます。

トップガイドから8ヤード出ている状態でロールアップするならば、1回のシュートで17ヤード以上を稼ぐわけです。

うまくいかなかったら、あいだに1回の

フォルスキャストをいれてみましょう。30ヤードを超すシュートが簡単にできるようになります。

シュートの練習は、芝生の上でできます。

まず後方の芝生に、ＳＴとランニングラインを合計11～13ヤード、まっすぐに置いてください。そこから反対方向（前方）へシュートする練習を繰り返してください。

わざとたるませたラインでも練習しておくと、実戦でもうまくいくはずです。

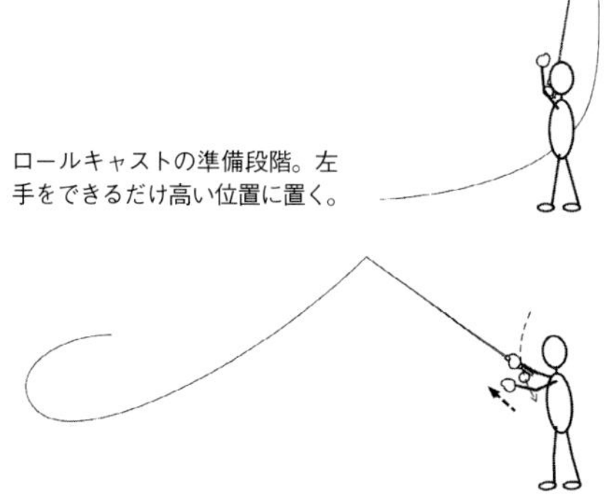

ロールキャストの準備段階。左手をできるだけ高い位置に置く。

短く鋭いシングルホールを入れて、ロールアップキャストをする。できれば、胸の前まで引き下ろした左手は、ラインとともに前方へ送る。

２回目のホールを入れて、バックキャストする。背後まで引いた左手は一瞬も止まらずグリップ近くへ送る。バックキャストは大きく体重移動をしながら、水平近くまでドリフトさせる。バックキャストのタイミングは長めにとって、ラインが落下し始めてもいいくらい待つ。

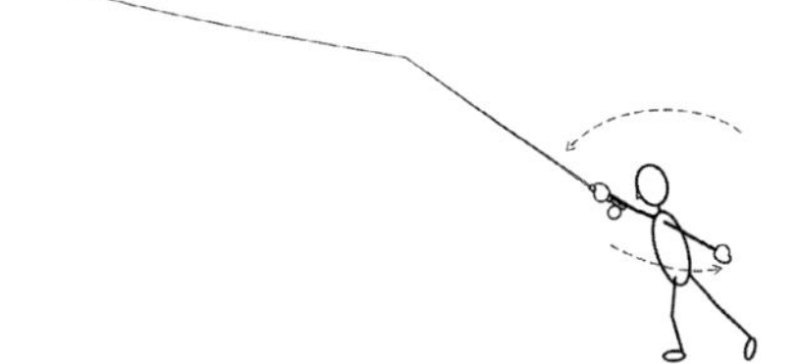

そしてホールを入れてシュート。バックキャスト一回で25ヤード以上、ロールアップからシュートまで、約４秒で投げられる。ライズへの速射に有効なキャスト。

図４　ロールアップシュート

Ⅱ - 4

やっかいな風を利用する

風に強くなるには、ライン重量を上げるのが手っ取り早い対策です。(P.50)　以下、( ) 内の数字は参考頁　ここでは風を利用するキャスティング技術を考えてみましょう。

追い風、向かい風

向かい風では、バックキャストのラインを上げて、フォワードのラインを下げます。バックは何もしなくても風で伸びるので、フォワードはその長さ分のターンオーバーを狙っての、叩きつけるキャストをします。

追い風は、逆にバックのラインをギリギリ下げて、フォワードのラインを高く上げます。バックキャスト時に大切なのが、強いシングルホールです。地を這うようなバックのナローループをフォワードでワイドループにして高く上げてやれば、風に乗って遠くへ飛んでくれます。

滞空時間の長いロングキャストと、きれいなターンオーバーが得られます。

ロッドハンド側からの横風

ロッドハンド側から吹く横風を受けると、たいがいの人がスリークォーターからサイドハンドで振って、フライフックを遠ざけようとします。ところが風に流されたループは広がり、リーダーとフライは顔面めがけて飛んできます。ロッドの振り幅が広がり、ロッドスピードだけが上がってホールが全く効かなくなる悪循環に陥るからです。

バックハンドキャストを練習しましょう。手首をほんの少し頭の向こう側に傾け、トップガイドが頭上より風下側にくるようにするだけで、手首も肘の位置もオーバーヘッドキャストと同じです。これだけのロッド角度の変更でもホールが小さくなります。(P.35)

立ち位置と方向を変えてみる

川や湖と違い、立ち位置とキャスト方向はかなり自由に選択できるのが海フライです。そこで横風のときには、海に向かってあえて直角にキャストするよりも、あらかじめ斜めにキャストしてみましょう。

風に応じて自分が左か右へ移動して、そこから左斜めか右斜めにキャストするだけで、いやらしい斜め横風キャストが、単純な向い風や追い風キャストに変わります。

海フライのポイントは点や線ではありません。堤防へ5メートルおきに数人入っている場合は、全員が向かい風キャストの方向に合わせればよいのです。

利き腕が逆の人がいれば、一番左に入ってもらいます。左利きにとって右からの風はいやらしくないのですから問題ありません。反対に右斜め後ろからの風の時は、左の方向へキャストの向きを変えましょう。

Ⅱ-5
色々なスタイルを身につけよう

フライキャスティングを長年教えてきた側として、各自のスタイルを作るお手伝いをしてきました。キャリア10年を超えると、魚と場所、ロッドとラインによって様々なキャスティング技術を進んで身につけようとする人と、反対に、限られた場所と魚しか釣らず、ロッドもラインも好みが強くなってしまう人が出てきます。

釣りという遊びの中で特定の魚や場所に固執するのも、個性を尊重するという意味では一向に構わないのですが、キャスティングスタイルが固定化されたために、釣りの幅が狭くなってしまうのは困ります。

過去には、WFラインしか振らなくなってSTラインが振れなくなった人や、シンキングラインのスピードだけに慣れて、フローティングラインのタイミングがとれなくなった人がいました。3、4、5、6番まではロングキャストできるのに、9番以上は全く振れなくなる人もでてきました。

まっすぐ遠くへ飛べばオーライだが

個性的なキャスティングスタイルは、他人からは「癖」にしか見えないこともあります。理論上からは誤っていると見えるキャスティングでも、フライがまっすぐ遠くへ飛んでいれば、結果オーライです。

まっすぐ遠くへ飛ぶフライキャスティングには、いくつもスタイルがあります。

フライキャスティングにおける身体的要素、つまり筋力の差、手首の強さ、関節の柔らかさ、さらには何分の1秒という時間のずれを身体が感知できるかどうか。これらは天性のものです。訓練である程度までは伸ばせるかもしれませんが、個人差は大きいようです。

フライキャスティングの練習にジムトレーニングを取り入れる人は少ないですが、若き日のスティーブ・レイジェフ氏は「毎日3時間トレーニングをするが、ロッドはほとんど振らない。」と言っていました。

肉体的なトレーニングなしにキャスティングスタイルを楽に変えるには、どうすればいいのでしょうか。

相手の体の部分の動きをまねする

ものまねです。完全なコピーはできません。それでもいいのです。誰かのまねをしようとすれば、相手と自分の体の各部分の動きを意識するようになります。それが大切です。

ものまねが「似ている」と言われるようにまでなると、複数のものまねキャストができるようになります。慣れ親しんだ自分のスタイルを忘れてしまいそうですが、気付かないうちに自分のスタイルも次第に変化してきます。

誰かのものまねをする上で大事なことが二つあります。

1.相手と利き手、利き足が同じ
2.相手と体格が同じ

右利きの手の人が左利きの人のキャスティングをまねるのは難しいものです。利き足に関しては当の本人が意識していないことが多いので、体重移動の際の軸足を観察して判断しましょう。判別が難しい人は利き足が両刀使いの人です。両刀使いは便利なのでそっくりまねしましょう。

同じぐらいの体格なら手足の長さや体重も近い。違うのは筋力や関節の柔軟性です。まねをしようとすると、この違いがはっきり表れてきます。

同じ動作をしようと努めているうち、少しずつ特徴が似てきます。それがものまねなのです。真似られている本人も気づかないほどの特徴を、少しおおげさに表現すると、多くの人から「そっくりだ」と言われるようになります。

似て非なる３人のキャスティング

ここに３人のキャスターがいます。

Ｓ君は和歌山在住です。初めて会ったときの、大学４年の時のキャスティングスタイルを覚えています。数年前に鹿児島に来て久しぶりに私の横で振った時、悲惨でした。一念発起して練習を再開し、翌年には全く違うスタイルで現れました。

Ｏ君は30年以上のキャリアを、ひたすらキャスティング技術の鍛錬に費やしてきました。私の記憶ではこれまで大きく三度変身しました。

Ｎ君は10年目ですが、ストイックにキャスティングを追求するのが、ある意味最大の欠点です。

この３人のキャスティングスタイルは似ています。Ｓ君が先輩のＯ君に似たのは分かりますが、Ｎ君がＯ君との相違点を意識して練習したあまりＯ君に似てしまい、会ったことのないＳ君にも似てしまったことは面白いです。

３人はともに、右手・左足が利き手・利き足です。上半身をほんの少しねじり、わき腹より前に肘を固定して手首を曲げてフォルスキャストします。下半身は膝をゆるく曲げ、安定したスタンスで緊張感はありません。

３人とも、直線状にロッドを移動させる基本に忠実になろうとして、左足、左の腰骨、左肩を結んだ線上にロッドのトップガイドを置こうとします。そのため、グリップしている右手の親指は左の耳の上にあります。バックハンドキャストに見えますが、本人たちにはオーバーヘッドキャストです。

左足や左の肩を中心にしたキャストなので、バックラインを見ようと首を回すと、ロッドが大きく左へカーブを描いて移動します。従って３人ともキャスト中はバックを見ません。ただ３人の手首は柔らかく、ロッドの振り幅を自在にコントロールできるために、広くも狭くもループを作れます。

こんなに違うロングシュート

Ｓ君はティップアクションのロッドなら見なくてもバックのタイミングを合わせられます。スローなロッドを振る時は、上体を前後に揺らしてタイミングを合わせます。

Ｎ君は振るロッドを選びます。

Ｏ君はどんなアクションのロッドでも、

若干速い自分のバックキャストのタイミングに技術で合わせられます。

ロングシュートをするとき、3人のスタイルは全く違ってきます。

S君のはシュートというよりは、フォルスキャストの終わりです。上半身のスムースな体重移動のおかげで、やや丸いループが30ヤード飛びます。

N君の最後のバックキャストにはドリフトが入ります。シュートのフォワードキャストを水平近くまで振りおろすことで、長く広くロッドが振れます。同時に手首をきゅっと閉じるので、スピードのある尖ったループが飛びます。

O君は2通りのシュートができます。バックキャストで後ろに足を送り、膝を曲げて腰を落とし、ロッドを寝かしてから前面の高い位置でぱちんと止めるシュートと、前につんのめるぐらいに体重を移動させて、水平まで振りおろし、尖ったループを飛ばすシュートを、ロッドによって使い分けます。O君はもともと左が利き足だったのが、このところ両刀使いに変わっています。おそらく本人は気付いていないでしょう。

自分の癖によってまねる相手を選ぼう

この3人の、どこをまねるかということです。三者三様の特徴がありますから、自分の癖によって、まねする相手を選びましょう。

手首を開いたままスリークォーターで振っている人は、まず、S君の足幅を狭くした上半身の体重移動のスムースさをまねするといいでしょう。時間はかかりますが、ロッドをゆっくりと振ることで手首の使い方が分かってくるでしょう。

ループコントロールが上手くいかずにロッドが大振りになっている人は、N君が会得したベルジャンキャストとドリフトの組み合わせを、まねしてみてはいかがでしょう。

ロッドスピードだけを上げて飛ばそう・飛ばそうとしたがる人は、狭くゆっくりしたナローループ（基本中の基本）から後ろへ足をひいて、ドリフトさせたロッドを高い位置で終わらせる、O君のメリハリの利いたシュートをまねすればいいでしょう。

見違えるほど飛ぶようになります。

好奇心と向上心

3人ともキャスティングが上手いのは事実ですが、特殊な才能の持ち主ではありません。いろんなキャスターを観察し努力した結果、結果的によく似たキャスティングスタイルを身につけて、さらにそこも通過点として好奇心と向上心に燃えているだけです。

身近にキャスティングの上手い人がいないと思っている人は、素人のキャスティングの映像をたくさん穴のあくほど見つめましょう。

運よく身近に上手い人がいたなら、ストーカーになって密着しましょう。結果を気にせずものまねしてみましょう。

⇧　S君スタイル　スタンスが狭く、身体の前面で振る人は、上半身をゆっくり前後に揺らすと、手首を大きく開かなくてもループコントロールしやすい振り幅を自在に作れるようになる。ものまねしているのは中馬達雄キャスター。

⇧　N君スタイル　スタンスが狭い上に体重移動もなく、オーバーヘッドのドリフトが左右にぶれてしまう人は、最後のバックキャストをベルジャン気味のスリークォーターで振ってドリフトさせると、ぶれもなくバックのラインを視認できる。この後オーバーヘッドでシュート。

⇧　中馬スタイル　最後のシングルホールで大きく足を開いて、ドリフトした時に左手はグリップまで送る。ダブルホールが効くと頭上でロッドが曲がるのでシュート力が最大になる。

ロングシュート時のキャスティング・スタイルの違い

COLUMN

海フライのロッドは何番？

私の海フライの８割は、６番ロッドを使っています。マルスズキの１メートルもヒラスズキの70センチも６番で釣ります。ハマチの50センチも何匹か釣っているうちに６番ロッドが似合う魚になりました。

私が６番ロッドを使わない魚は、障害物へ潜られないためにフッキング後に１センチもラインを出してはいけない時の、40センチ以上のカンパチやアラくらいのものです。

やりとりに慣れてしまえばほとんどの魚は６番で狙えます。魚のパワーに合わせてロッドを決めるのは当然ですが、釣り人が慣れたら番手を落としていきます。

なぜなら遊びだからです。

３番ロッドと極細ティペットを使う淡水魚の釣りに慣れている人が海に向かうとき、当たり前のように８番ロッドと極太ティペットを使うのはなぜでしょう。

500グラムの魚が体重の倍のパワーを出したとしても、６Ｘティペットで充分です。しかし８番ロッドでロッド合わせをすると、４Ｘティペットでもいとも簡単に切れてしまいます。（海ではラインを引くライン合わせが基本です）

セイゴ釣りに３番や４番ロッドを使うのは鹿児島では普通です。もし６番ロッドを使ったら、クレーンでセイゴを吊り上げているように感じるでしょう。私から見ると、東京湾でスズキを９番ロッドで釣っているのは、やはりクレーン作業に見えます。

＃４も＃６も＃８でも、それぞれにスズキと遊べます。それぞれのロッドパワーで魚をあしらうことを〝遊び〟と呼びます。

海フライに６番ロッドが最適だとは言いません。小物とは思えない海の魚とも、６番ロッドでやりとりできるようになろうとしてください。

魚が手強くて６番で失敗しても、そこから７番、８番に戻れます。逆に魚が弱くて６番では卑怯だと思ったら、４番を考えましょう。

海フライで使いやすい形状と性質のフライラインは、６番から上にあります。それでも４番ロッドがふさわしい魚だと思うときは、ラインの性質まで含めて、釣り方、遊び方を変えてみましょう。

フライロッドとラインの向こう側には、命をかけた魚がいるのです。敬意を払って遊びましょう。

⇨ブリなどの青物はかかったら、走らせて走らせて、少し弱ったらロッドを立てて様子をみます。この魚は、フッキングして１発目に140ヤード走り、60ヤード巻いた後の２発目の走りで、完全に弱りました。
写真は、２発目の走りが弱りだしたときに様子を見ている状況です。人間もだらけた感じですがこの緊張感のなさが青物釣りの特徴です。４キログラム級のブリでした。

III
海フライのタックル選び

普段着の海フライでは、あらゆるフライタックルが下駄か仕事着です。

海フライで使う６番以上のフライロッドは、性能優先で選びます。フライロッドの性能とは何なのかを、あらためて考えてみましょう。

Ⅲ - 1

フライロッドの性能って何だろう

キャスターの数だけ、キャスティングのスタイルがあります。その人のスタイルとロッドの個性が合えば、その人にとってそのロッドは良いロッドです。

好き嫌いを言う前に、どんな性格のロッドでもしっかり振れる腕をまず身につけましょう。ロッドを評価するのはそこからです。「売るほどたくさんロッドを持っているけど、どれもいまいちなんだよね。」と言う友人のおすすめは、絶対に聞かないこと。

その人はたぶん、振れない人です。

6番以上は機能性が第一

5番以下のフライロッドはデザインやイメージなど趣味で選んでかまいません。しかし6番以上のフライロッドは機能性がまず第一です。ロッドは自分の手の延長です。

6番が振れれば、8番も10番も振れます。6番でいい釣りをすれば、魚のパワーに合わせて8番も10番も選べるようになります。

6番のロッドを選ぶとき、できれば性格の異なるロッドを2本手に入れて、じっくり一年付き合ってみましょう。

6番ロッドは世界中にあります。性格もいろいろです。シングルハンドの海用フライロッドは、日本人の体格には9フィート6インチほどまでが適当でしょう。

6番ロッドのほとんどがティップアクションです。魚の引きの負荷がかかったときにはパラボリックに曲がってもらわなければ折れますが、お店の天井に押しつけてちょっと曲げてみただけでは分かりません。

ラインの指定番手について

フライロッドには適合ラインが表示されています。昔はメーカーが独自の基準で重さを表示していたために、ロッドにも＃5／6／7という表示がされていました。A社製ラインなら＃5だけどC社製ラインなら＃7がマッチします、ということが当たり前で混乱していました。

今も日本ではロッド表示よりも重いラインを勧めるのが一般的なようです。しかしロッドとラインのバランス感覚は、ラインの長さに関係します。6番のWFラインでも14ヤード以上出して振ると、8番ライン以上の重量になります。指定番手より重いラインを乗せると、かえって飛ばなくなることがあります。

ロッドの性能は三点に注目

フライロッドの性能で一番に注目するのはキャスティング能力です。軽くて反発力があってストップの時にぶれないこと。しかしいまや軽くて飛ぶロッドはいくらでもあります。ロッドの良し悪しを、キャスティング性能だけで判断するのは早計です。

そこで、フライロッドの性能で二番目に注目するのが、魚の引きをあしらう粘りと反発力です。〝竿のしなり〟とも言われますが、しなりには反発力はありません。あるのは復元です。

カーボンとボロン素材の竿は、負荷をかけてシャフトがパラボリックに弧を描いても、まだそこからの反発力があります。
大物をとりこむとき、自分ではすごく竿が曲がっていたように感じたのに、横から写真を撮ってもらうと、竿の先っちょが少し曲がっていただけだった、という経験をお持ちの方は多いはずです。
もちろん、折れない竿はありません。限界を越すとあっさり折れますが、かくいう私もフライロッドで魚をかけて限界を越して折ったことは一度もありません。限界が来る前に、曲げた竿を戻したからです。
めいっぱい曲げてもまだ限界に近づいていないことが分かれば、魚の引きに対してどのパワーのロッドが適正かを探すことができます。魚とのやりとりの技術はそこから始まります。

ロッドの性能を引き出すには

フライロッドの性能を引き出して魚と楽しくやりとりをするには、肘からトップガイドまでを一体化させます。ファイト時にもサムオントップです。無理なく親指がグリップのセンターラインに乗っていることが大事です。けれどシングルハンドのフライロッドでこれができている魚とのやりとりは、世の中にたくさんあるフライフィッシングの動画で私は見たことがありません。
なぜ教えてあげないのでしょう。初心者に教えるとすぐ実行できるし、一度覚えてしまえば一生魚とのやりとりに苦労しないのに、と思います。
3キロのシイラを力まかせで引けば、＃12ロッドでも満月に曲がります。まともに設計されているロッドなら、満月になった状態からまだまだパワーがあります。でも10キロ以上のシイラがかかれば、力まかせではなく、やりとりのテクニックが必要になります。走り出した大型シイラにロッドで強烈な追いアワセをすると、ロッドの限界を一瞬にして越えていとも簡単に折れます。

きれいなベンディングカーブを

フライロッドの性能の三番目は、きれいな弧をえがくベンディングカーブに注目します。2ピースでも4ピースでもジョイント部でカクカクと曲がる竿はジョイント部の設計が悪い竿です。ティップアクション、パラボリックアクション、どんなアクションでも、よくできたロッドはゆっくり負荷をかけていくときれいな弧を描きます。
フライロッドではルアーロッドに比べ、やわらかく感じる作りの竿が多いので、きれいなベンディングカーブを出せるかどうかは重要なことです。
きれいな弧を描かずにカクッと曲がる竿だと、負荷をかけ続ければ折れます。ロッドの持つパワーを発揮できずに途中で折れます。その番手本来のパワーが出せていません。
私が最近魚と遊んでいる＃4のロッドは、使う側が理想的なベンディングカーブを作ってやると、＃6のパワーが出せるような錯覚に陥ります。きれいなベンディングカーブを出すには使う側の技術も必要です。

Ⅲ-2

フライリールとラインシステム

フライリール

フライリールは、ロッドやラインシステムほど重要ではありません。大物とのやりとりに悩んでいない釣り人にとっては、アンチリバースやらドラグ性能やバッキングラインの量は意味がありません。見栄えと値段で選べます。他人にロッドを踏まれないためにキンキラキンのリールがよいでしょう。そして使い続けることが最高のメンテナンスです。

釣り場で魚から痛い目にあわされたとき、リールの性能をとやかく言いたくなっても、数年がまんしてください。その内に技術が身について、リールに対する自分の要求が具体化してきます。

最初はロッドとの重量バランスだけを考えて、3万円以内のリールでスタートします。フライラインを3～6種類使い分けることになるので、リール本体より替スプールを増やした方が経済的にも荷物の重さ的にも楽です。ただ個人的に、6番と8番、STとWFのラインをよく間違えます。リール本体ごと持って行く方がラインの種類を間違えずにすみます。

大物とのやりとりに慣れていない人ほど、リールのドラグを締める傾向があります。青物とのやりとりの際、リールのドラグを調整するよりも簡単・確実にランディングへ持ち込む方法があります。(P.108)

ラインシステムの実際

シンキングラインを任意の深さへカウントダウンして、ストリーマーをリトリーブする釣りが海フライの基本です。

ポイントと魚の状況に合わせて各種のフライラインを使い分けます、市販品のフライラインのラインナップでは、長さもデザインも対応しきれません。そこで数種類のラインやランニングラインをカットしてつないで自作します。ラインの接続法はP.47を参照してください。

ラインシステムの選択で、釣果はまったく変わってきます。堤防で並んで釣っているのに、ラインが合っていない人だけボウズという事態がよくあります。

海では淡水よりもラインが沈むスピードは遅くなります。タイプ3より沈みが遅いシンキングラインはWFにはあまり使いません。またタイプ5のWFは、タイプ4のSTと同じシンクレートになります。

ゆるやかなカケアガリの場合　図1

ラインの使い分けの一例を紹介します。

① 透明度が高くて魚が水面を注目しているときで魚の泳層が決まっていないようなら、モノクリアWFを途中でカットして、フローティングのランニングラインを接続したラインを使用します。a

② 透明度が低くて魚が特定の泳層から動かない場合は、タイプ4のSTにタイプ2のランニングライン、さらにインターミディエイトのランニングラインを接続します。中間に入れるタイプ2のランニングラインの長さを調整すれば、カケアガリをなめるよう

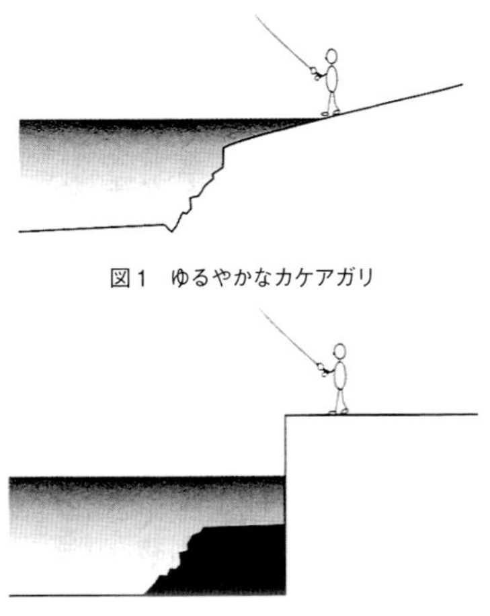

図2　足元から急に深くなっている堤防

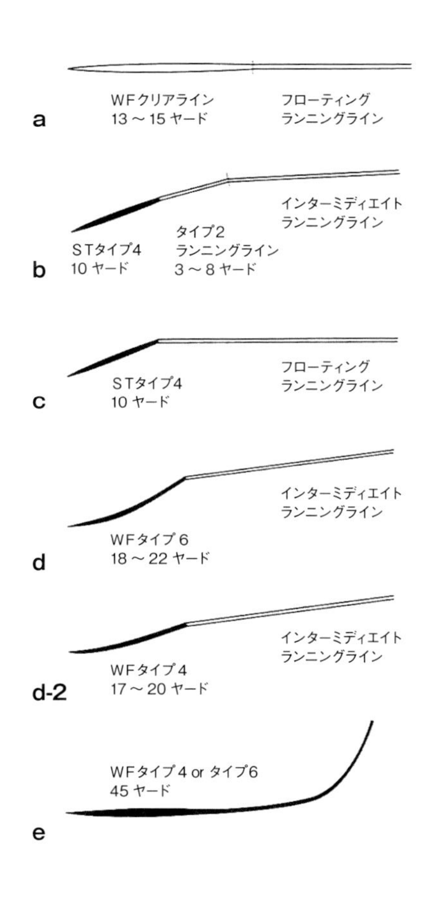

に動かせます。**b**

③ テトラが入っているなどで手前が浅くて荒い場合はタイプ4のSTにフローティングのランニングラインを接続します。**c**

④ 手前に2メートル以上の深さがある場合は、タイプ6かタイプ4のWFラインを適宜カットして、インターミディエイトのランニングラインを接続します。WFラインの長さはリトリーブスピードにより使い分けます。**d / d-2**

足元からドン深の堤防の場合　図2

⑤ 水深20メートルまでを攻めるには、フルラインWFタイプ4に、タイプ4のランニングを継ぎ足して全長45ヤードのフルシンキングラインを作ります。キャスト直後に水深分のラインを足元に垂らして落とし込むことで、深めの泳層を長く引けます。**e**

⑥ 中層を攻めるには**d**のラインシステムで大丈夫です。

⑦ 表層または中層から表層方向を攻めるときは、**c**のラインシステムを使用します。水中を上昇するストリーマーは、時として爆発的な効果があります。キャスト距離とカウントダウンを微調整しながら、広範囲にストリーマーの軌跡を作ってみましょう。

Ⅲ-3

リーダーとティペット、フライの接続法

リーダーの役割とは

テーパーリーダーの役割は、一つはフライラインより先へフライを運ぶため。もうひとつは、太くて長くて目立つフライラインとフライを離すためです。

海フライでもリーダーをおろそかにしてはいけません。ラインにティペット直結や、受け売りの自作リーダーはトラブルの元です。市販のノットレス・テーパーリーダーの2Xから02Xを使いましょう。

リーダーは透明度と魚の警戒心と自分のキャスト能力に相談して、なるべく長くしてください。海の透明度が高ければ高いほど、リーダーは長い方が有利です。ラインがクリアならリーダーは9フィート以下で大丈夫です。同じフライ、同じラインシステムでも、巻きぐせのついたリーダーでは一人だけ釣れません。交換しましょう。

必ずターンオーバーさせる

キャスト時にきちっとリーダーをターンオーバーさせることは必須です。27ヤードしかキャストできなくても、リーダーとティペットがきちっとターンオーバーしてくれたら、フライは30ヤード先に届きます。

ぐちゃぐちゃに落ちたリーダーでは、着水直後にリトリーブしてもしばらくはフライはゴミと化します。カウントダウンをとる間、シンキングラインとフライにはリーダー分のタナの差が生じます。

タイプ4でリーダーが9フィート以上ある場合、カウントダウンを25秒とってもフライは沈んでいません。カウントダウンを50秒とると、フライは25秒の位置から動き始めるので、ラインの軌跡よりはるか上をトレースします。これでは魚に見破られてしまいます。

直線的にターンオーバーしたリーダーとフライなら、カウントダウンをとってもフライはラインに引きずられて沈んでゆきます。ロングストロークのファストリトリーブなら、ラインとフライの軌跡にあまり差は生じません。

ティペットは柔らかい方がいい

ティペットは柔らかいほうがよいです。硬いティペットは釣れません。4号くらいの硬いフロロ製のハリスにストリーマーを結んでスローで引いてみると、動きが明らかに変なはずです。

動いているフライにアタックした魚はたいてい、フライの進行方向と90度、もしくは180度の逆方向へ反転します。この方向転換がそのまま向こう合わせになります。

そのショックはフライに一番近いティペットに最も強力にかかります。ティペットには伸びのある柔らかい素材がいいことのもうひとつの理由です。

ショックティペット

歯の鋭いカマス、タチウオ、ハガツオ、サワラなどの釣りでは、ティペットの先に太いハリスを短く足してフライを結ぶとフライを切られにくくなります。

フライラインの接続法

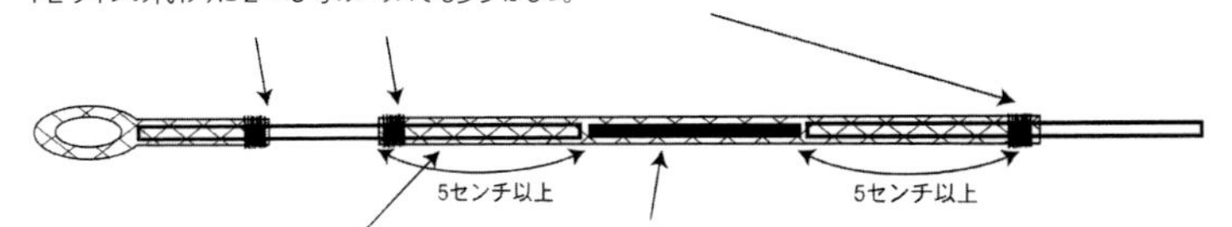

これをショックティペットと呼びます。

ワイヤー、PE、ケプラーなどはショックティペットには使えません。色付きのショックティペットは、その長さを含めたストリーマーとして魚には認識されます。5センチのフライに15センチのワイヤーをつけたら、20センチの小魚になります。当然食ってくれません。

ショックティペットはカマスで4号、タチウオで5～8号のナイロンを使います。これらの魚はハリスの太さをあまり気にしません。長さはせいぜい5センチでいいのですが、結ぶ時にやりづらければ20～30センチでもかまいません。あまり長いとくせがつきやすくなります。

ティペットもフライもループノット

ティペットはひんぱんに交換しなければなりません。リーダーとの接続にはビミニツイストしたループ・トゥ・ループが最もよいのですが、リーダーとティペット両方のビミニツイストが目立ちすぎます。

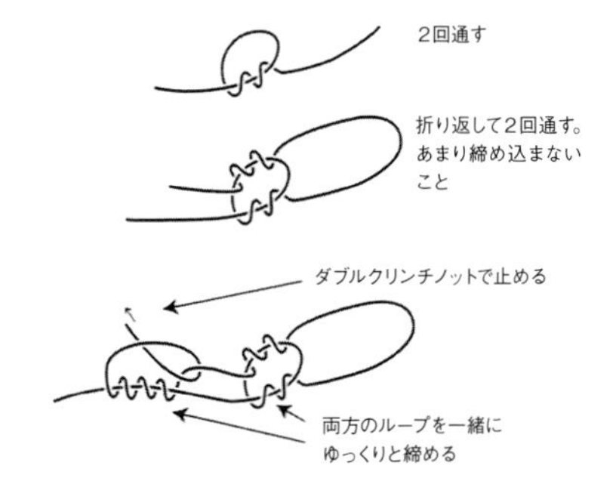

スーパーループノット

中物までの釣りでは、スーパーループノットのループ・トゥ・ループでリーダーとティペットを接続します。

フライをティペットへ結ぶのも、スーパーループノットです。ループノットは水中でフライの動きを制限しません。魚の瞬間的なパワーを吸収するのにも有利です。

ただしループが大きくて目立つようだと、魚はループを含めた長さでフライを認識してしまいますので注意しましょう。

Ⅲ - 4

4番ロッドで海フライ

4番ロッドは面白い

海の小物と遊ぶのに4番ロッドを使ってみましょう。シングルハンドの6番から12番まで、飛距離の差はあまりありません。4番でもロッドやラインの性質によっては6番と同じくらい飛ばせます。

海フライで小物釣りを楽しむとき、少ないフォルスキャストで飛距離を稼ぐ性能、魚がかかったときの曲がりと、やりとりの面白さを兼ね備えているのが、4番ロッドです。

なぜ4番ロッドなのか

3番ではなく4番なのにはいくつかの理由があります。

①4番には3番では望めないバットパワーのあるロッドがあり、無風下で28ヤード以上の飛距離を得られる。

②フローティングラインに加え、海フライで必要なシンキングラインも使える。

③25㎝以下の小物の場合、3番ロッドではもたもたし過ぎるし、6番ではロッドパワーが勝ち過ぎてラインがたるみやすく、予期せずばらしやすい。4番ロッドならばれにくいし、それなりにロッドが曲がり込んでやりとりが面白い。

3番ロッドは、設計上飛距離よりも他の要素を重視したロッドがほとんどです。海フライではまずキャスティング性能の時点で使えないのです。

想定外の大物でなければ、バッキングラインとリールのドラグを駆使し、たいていの魚は時間を掛ければなんとかなりそうなのが、9フィート・4番のフライロッドです。

私の4番ロッドのお相手は、20㎝以下のヒラアジ、26㎝以下のカマス、28㎝以下の春のアジ、40㎝以下のセイゴなどです。

海で使える4番ロッド

ロッドの長さは9フィート前後を。海フライでは立ち位置の高さ、後の障害物、風などを考えると、8フィート6インチと9フィートの差は大差です。軽い竿でも10フィートあると、何時間も振り続けている内に手首の弱い人はライン重量がトップにかかった時にロッドを返せなくなります。

バットパワーのある4番ロッドをお勧めします。しかし、新しくロッドを買う前に、お手持ちの出番のない4番ロッドで、まずはチャレンジしてみましょう。

海フライを始めた渓流フライキャリア30年のベテランA氏は、シマノ フリーストーンの初期モデル、9フィート・4番を海へ持ち出しました。べたーっとして張りのないロッドです。

10ヤードそこそこの渓流キャスターだったA氏は、海フライを始めるにあたりキャスティング練習に取り組み、20ヤードちょい投げられるようになりました。半年後、セイゴもフッコもカマスも釣って自信をつけたようです。しばらくはこの古い4番ロッドだけで海フライを楽しむそうです。

4番のシンキングラインの作り方

少ないフォルスキャストでするするっとラインが伸びて、最後にラインをリリースしてから10ヤード飛んで行くようにするには、スローなロッドほど適切な重量バランスとテーパーのフライラインが必要です。

しかし現在の3M社のラインではシンキングラインは5番からしかありません。ST6番のタイプ4をもとにして、4番のシンキングラインを自作しましょう。

スローアクションロッドの場合

ST6番の約10ヤードのラインを4番用にするには、単純にざっくり7ヤード半にカットしてください。もちろんSTの後ろから2ヤード半を切り捨てます。

カットしたSTにランニングラインを20ヤードほど仮止めして繋ぎます。メジャーとメモ用紙を持って、外に出て振りましょう。あなたのロッドに7ヤード半のラインが重すぎると思ったら、ランニングラインとの仮止め部分を手に持ち、ロッドトップから4ヤード半のSTラインを出して振りぬいてみましょう。軽すぎて乗らないと思うはずです。

スローなロッドのほとんどは、ST4ヤード半から7ヤード半の間のどこかに、ベストポジションが見つかります。15センチ刻みで少しずつ短く仮繋ぎしながらテストします。

ファストアクションロッドの場合

ST6番タイプ4を、前から全長8ヤード半にカットして、テストをスタートします。おそらく7ヤード半まではキャストできます。テイリングループが起こり、ライン先端がぐしゃぐしゃになって落ちるようなら、もう少し短く切り詰めます。

WF5、6番のタイプ4、タイプ6は、13ヤードを基準に11ヤードから15ヤードカットのどこかでマッチします。お手持ちのロッドでテストしてください。ベストレングスが決まったら、短いSTは必要ないと思われるかもしれません。

フローティングのWF4番はカットする必要はありません。そのまま使えます。

ラインのカットに慣れてくると、フローティングやインターミディエイトでも、ひと番手上のWF5を適切な長さにカットして、風の中でもキャスティングしやすい4番のラインを自作できます。

私がファストアクションのG・ルーミスNRX 9フィート 4番に合わせているラインは、WF4フローティングのフルライン、WF5インターミディエイトの11ヤードカット、ST6タイプ4の8ヤードカット、WF4タイプ4の12ヤードカット。さらに、WF5タイプ4の11ヤードカット、WF5タイプ6の11ヤードカットです。

予期せぬ大物が来た時

いつもリールのドラグはゆるゆるにしておいてください。あとは…、全身全霊をかたむけて神や仏に祈ってください。何度もやられた後に、コツをつかめるでしょう。

Ⅲ - 5

高番手ロッドは必要か

高番手ならもっと飛ぶか

無風下では、6番も8番も10番もキャスティングの飛距離は変わりありません。同番手なら、ライン径の細い方が飛びます。

6番のフローティングのDTを27ヤード投げられる人は、シンキングのWFタイプ6なら簡単に30ヤードを超せます。8番や9番なら30ヤードを超せるよ、というくらいの差です。重いラインだからといって40ヤードを超せるようにはならないものです。

番手が高いと風に強い

向かい風でも追い風でも、ラインの番手を上げて重量を重くすれば、風に対抗できます。6番ではまったくループが作れない強風でも、8番ならループコントロールできますし、10番ならなんの苦労もなくロングシュートができます。

ラインの番手だけを上げても、ロッドのパワーが足りない場合、つまり、7番指定のロッドに8番や9番のラインを乗せた場合、10ヤード前後なら風に対抗できても、20ヤードを超えるとロッドの反発力が足らず、風に負けてしまいます。径の細いタイプ6の7番ラインを、8番ロッドに乗せれば風に対抗できます。

30年前の11番ロッド

1987年6月末、私にとって初めての11番ロッドを手にしました。シングルハンドの9フィートです。高い堤防の上から振ると、バックキャストの位置でロッドを止められない重さです。すごいパワーのラインに引かれて後ろへ落ちそうになりました。

STが8番のときより飛ばないどころか、ターンしてくれません。WFはもっと悲惨です。キャスティング練習の基本に戻り、10番、9番と番手を下げていって、6番ロッドまで落としたとき、やっと気づきました。「そうか、基本通りに振ればいいんだ。力が入り過ぎていたんだ。」

フォワードグリップ付きのこの11番ロッドはその夏のブリ、カンパチ釣りに活躍してくれました。

最近の高番手ロッドは軽い

ある年にG.ルーミスの新作ロッド4、6、10、12番を取り寄せて、仲間で振り比べをしました。日ごろ6番を使っている人が、10番ロッドを振って驚きました。

今どきの高番手ロッドは一昔前のそれとは全く違います。少ないエネルギーで高番手のラインを楽に飛ばせます。ロッドは年々進化を続けています。

キャスティング練習は6番で。その6番で小物を数釣りしましょう。6番でどうしようもない魚だけ、10番ロッドを使いましょう。すると、7、8、9番は通り越されます。

経験を重ねてくれば、おかっぱりの海のフライフィッシングには、4番、6番、10番の3本があれば十分と実感するはずです。その中でも、6番ロッドの出番が最も多くなるでしょう。

COLUMN

ラインバスケットは必需品

フライラインは必ずヨレます。ヨレたラインは必ずからみます。ランニングラインを含めて長いラインを常時扱う海フライでは、快適なライン捌きは重要な釣りの一環です。

市販のラインバスケットを様々試しましたが、浅すぎたり、身体へセットされているために、ロングストロークのリトリーブができなかったりと、不自由な思いをしてきました。

軽くて強くて風にも負けず、持ち運びにも便利なラインバスケットが欲しい。試行錯誤の末に、ホームセンターで売っている折りたたみの箱に行き着きました。

30センチ×45センチ×25センチ。本来は靴箱か、おもちゃ箱として利用するための箱のようです。四面穴あきの風が抜ける構造のために動くこともなく、箱の中では風が弱まってくれます。穴あきバスケットの誕生です。

その後、リトリーブしたラインがバスケットの中へ滑り込んでくれるように壁をつけたり、クーラーと重ねて運べるようにからみ防止のピンの代わりにゴムヒモを張ったり、シュートしやすいようにバスケットの四隅へ脚を生やして角度をつけたりと、各自の工夫が重ねられて現在に至ります。

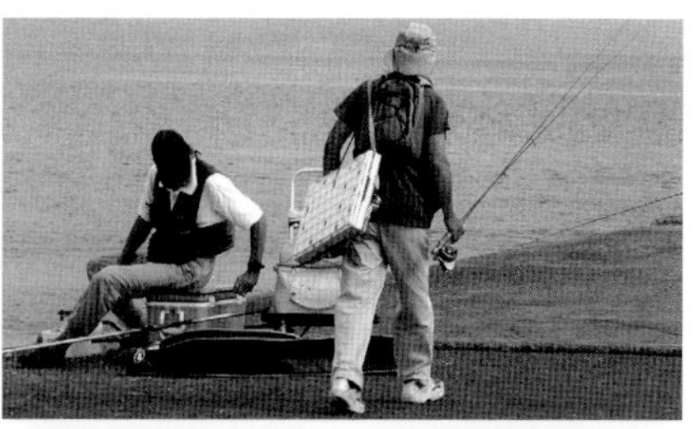

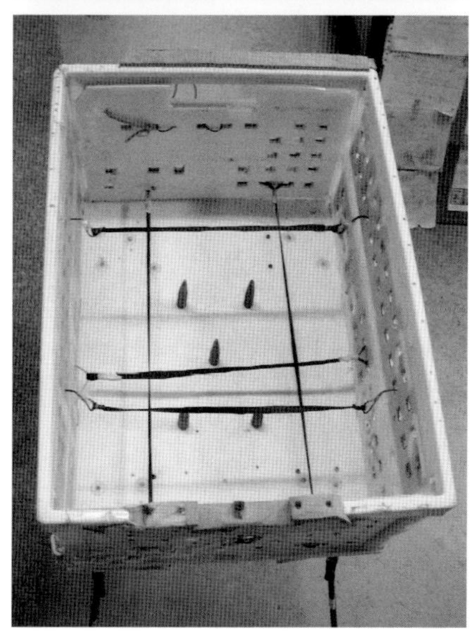

⇧ 壁&脚付きバスケット。砂浜でも埋もれない。脚の長さを可変式にすれば、デコボコの岩場でも水平を保つ。
⬀ 折りたたみ式で長い堤防の移動も簡単。
⇨ 底から2センチと20センチの高さで、二重にゴムヒモを張ってある。リトリーブしたラインはゴムヒモへだらりと乗って輪になった状態で垂れ下がる。たとえ多少ヨレが入っているラインでもからまずすっ飛んでいく。

ストリーマーはサムオントップで

ストリーマーのリトリーブ中は、グリップをサムオントップにして、ひじから先をロッドと一体化することを意識しましょう。

サムオントップにしているつもりでも、多くの人は、リトリーブ中の親指が人差し指と輪を作るようにして、ロッドグリップの横に添えられています。親指がグリップの正中線から外れてしまっている方がほとんどです。

お勧めしないグリップ。安定しないし、魚の力に負ける。

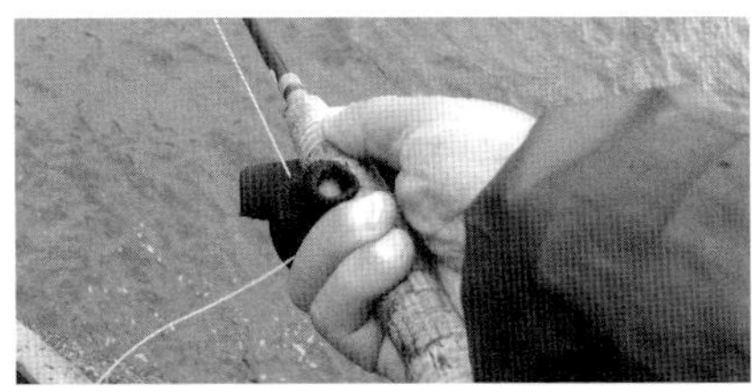

サムオントップ。ひじから先をロッドと一体化させる

サムオントップがずれる原因のひとつはラインバスケットです。バスケットをつけて下向きにロッドを構えると、トップガイドから出ているラインとロッドを真っすぐにするには、親指をコルクグリップの横に回し、ロッド角度を下げることになります。

固定できていないロッドのトップは、ぐらぐらしてラインが勝手にたわみます。またバスケットが邪魔をしてリトリーブ終わりで腕が伸びきらないので、ストロークは 30 センチ以下になり、リトリーブパターンが限定されます。

グリップを常にサムオントップにしてロッドを固定すれば、自分の意のままにリトリーブ・スピードとストロークを変化させられます。そのまま釣果の差に表れます。

ロッドがサムオントップで固定されていれば、魚がかかってから引き寄せてくる間にばらす確率も格段に低下します。

サムオントップでなければティペットの強度を超えた大物とはやりとりできません。いい加減なグリップでヒットしたら、リールでのやりとりしかできません。ロッドの機能をやりとりに使えなければ、魚にやられます。

サムオントップならロッド機能を最大限に活かし、大物の最初の突っ込みをしのげます。

大物とのファイト時は、グリップハンドも左手のフォワードグリップも、サムオントップで支える。上の写真は左手でロッドを下から支えているために、本気で下へ突っ込んだカンパチを止められず、やられる寸前。

Ⅳ 魚を食わせるリトリーブ

海フライで重要なテクニックがリトリーブです。海フライのリトリーブでは、ほんのちょっとした違いが大きな結果の違いに直結します。

シンプルなストリーマーを活かすも殺すもリトリーブ次第です。リトリーブは魚とのコミュニケーションです。

Ⅳ - 1

海の魚は立体で釣る

見えない水中をイメージする

海の魚は、点や線で釣るものではありません。面でもなく、立体で釣るものです。

フライを魚の泳層に合わせたくても、泳層は刻々と変化します。泳層の中を通すのがいいのか、ぎりぎり上を通すのか、もっと上を通すのがいいのか。

狙い通りのコースへフライを通すためには、ラインシステムとカウントダウン、キャスト距離に加えて、フライのリトリーブスピードがとても重要になってきます。

たとえば、タイプ4のラインで30秒カウントダウンさせると、リトリーブ前のフライラインは水面下4メートルにあります。ところがフライはその深さにはありません。

遅いリトリーブならリトリーブの最中にもまだラインは沈んでいきます。それでも最後には、フライはラインに引かれて水面にあがってきます。

もしフライが水面に近づいてきた時にアタリやヒットがあった時は､魚のタナ（泳層）は4メートルよりもっと上にある可能性があります。カウントダウンを15秒や20秒に変えてもアタリは得られるはずです。

海フライのリトリーブ・ストローク

リトリーブの3要素は、ストローク、スピード、間です。その中でもっとも重要なのがストロークです。

ロッドグリップを下腹の前で支えて、左の肘をゆったりと曲げた状態で斜めにリトリーブすると、せいぜい30〜40センチのストロークです。リトリーブの引き終わりに肘を伸ばせせば、60センチになります。

今度はグリップを身体の前に突き出して同じリトリーブをすると、100センチのストロークが得られます。さらにフェンシングのように半身になって片方の足を前に突き出し、前方のグリップから後方へラインを放り投げれば、150センチ以上のストロークが得られます。

反対に、グリップハンドに手を添えて手首だけ動かせば、5センチのショートストローク・リトリーブになります。

ストロークとスピードの変化、リトリーブの間で魚を食わせるのが、海フライのストリーマーの釣りです。

組み合わせは無限大

30センチのストロークで1秒間に忙しく二回リトリーブするとフライは秒速60センチ、時速にすれば約2キロで移動します。150センチのストロークで一回リトリーブすれば、秒速は150センチ、時速で5キロを超えます。

海の回遊魚は巡航速度が時速40キロを超えます。そういう魚から見ればどんなに速くリトリーブしても、ストリーマーはゆっくりに見えます。ではなぜゆっくり動くフライで釣れるのでしょうか。

パッパッと忙しく手の往復運動のスピードを上げるより、ストロークを長くする方がフライが移動するスピードは上がります。

ストロークの終わりに、ラインを持ち替

える間が生じます。意識的に間を作ることで、スピードダウンしたフライが次のストロークの引き始めで急にスピードアップします。

このスピード変化こそが、ストリーマーへ魚にアタックさせるためのアクションです。ロングストロークなら大きく変化します。遊泳力の低い魚や漂うエサを食っている魚には、ショートストロークでのちょこまかした変化が効果的です。

ストロークの長さ、スローかファストか、リトリーブとリトリーブの間をどれだけとるか。この三要素の組み合わせは無限大です。

ルアーよりフライの方が釣れる?

ルアーフィッシングの場合、ルアーロッドとリーリングでルアーにアクションをつける方法を習得するのは難しいのですが、フライフィッシングでは片手でラインをリトリーブすることで、それなりのアクションがフライについています。

だから誰がどうやっても、一応は釣れます。自己満足に陥らず訓練すれば、ルアーよりフライが釣れることを実感できます。

ただし距離とカウントダウンを変えるだけでは、数は釣れません。逆に、正確なタナと厳格に決まったリトリーブでなければ入れ食いにならないこともありません。その場に応じたいくつかのベターな組み合わせを探ってみましょう。

リトリーブは個々人で基準になるパターンが異なります。自分のできるリトリーブの幅をなるべく広くとれるように訓練しましょう。

周りが釣れているのに自分だけ釣れていないときは、フライパターンで悩むよりも、釣れている人のキャスト距離、ラインシステム、カウントダウンと、リトリーブパターンをそっくり真似するのが近道。この日は、右から二人目の人だけ入れ食いだった。

リールのスプールには、巻いてあるラインの番手、シンクレート、長さを明記しておくと便利。上のリールには、「WF 4番の 17 ヤードカット+同4番のランニングライン 11 ヤード+タイプ1を 12 ヤード。全長 39 ヤード」のラインを巻いてある。

Ⅳ - 2

水中をイメージしてリトリーブする

リトリーブを変化させよう

ルアーフィッシングではロッドアクションというテクニックがありますが、海フライにはありません。フライロッドを動かしても、抵抗の大きいフライラインが水中でたるむだけで、多くの場合は逆効果です。

フライラインを片手でハンドリトリーブすることにより、ルアーでのロッドアクションの効果を、フライの動きへ自動的に生じさせることができます。リトリーブを意図的に変化させれば、ルアーよりはるかに演出の幅が広がります。

ルアーよりもフライの方が釣れる理由のひとつは、そこにあります。

まずは、フライをきちんとターンオーバーさせることです。そして、キャストがうまくいったとしたら、ライズがある場所や、かけ上りの上や、沈み岩や、潮目など、ここぞという場所でリトリーブを変化させてみましょう。

リトリーブの間を空けるのは意外とむずかしいものです。最初はストロークの長さを変えることを意識してみましょう。

青物のリトリーブ

マルアジ、サバ、カツオなどの青物のライズを釣るときは、フライラインをライズに乗せないようにキャストします。

青物のライズの場合、直線的にターンオーバーしたフライがライズの進行方向1メートル以内に落ちてくれれば、30センチのショートストロークでも間を空けずにリトリーブすれば、3ストローク以内でヒットするはずです。この場合、リトリーブのスピードはヒットとあまり関係ありません。

表層を釣るシイラの場合は、フライの着水直後に、1メートル50センチくらいのロングストロークをかけます。リトリーブのスピードを極端に速くしようと思わず、ストロークとストロークの間をなるべく詰めるように素早くラインを持ち替えます。シイラがヒットするのはたいてい着水から3ストローク以内です。

潮の流れとリトリーブの関係

カタクチイワシの稚魚やプランクトンを食べているセイゴやアジに対して、「白の#10」(P.80) を使う時、10～20センチの小刻みなスロー・リトリーブをかけるのが定番です。

潮の流れが強かったり、アタリがあってもフッキングしなかった時には、少しリトリーブを変えてみましょう。

フライの相対速度は、潮の流れに乗っている時と流れに逆らっている時で、違います。潮の流れに乗って引く時はストロークを少し長くします。流れに逆らって引く時は、リトリーブの間を空けてストップさせます。

アタリがあるのにフッキングしなかった時は、アタった直後に、2倍のストロークを半分のスピードで引いて、リトリーブを変化させます。そうすることでフライのスピードは変わりませんが、追い食いをしてくれます。

フライを２本結んでカマスの一荷釣りを狙うときには、このリトリーブの変化がとても有効です。簡単にワンキャスト・ツーヒットできます。

もうひとつ注意点があります。ほとんどの人が、ロッドでアワセていると思いますが、ロッドが少しでもハネ上がると、その時点でフライの軌跡は狂います。リトリーブを変えても、もう追い食いはしません。ライン合わせの癖をつけましょう。

ロッド合わせの癖のある人は、シングルホールのタイミングがずれています。まともにキャスティングできない人は、ラインリトリーブの変化もできていないものです。

数を釣ることで見えてくる

リトリーブはカウントダウンと密接に関連しています。沈めれば釣れるというものではなく、魚がどこにいて、フライがどこを通るかを、イメージしなければいけません。

フライと魚の距離が離れていてもアタックしてくるようなら、リトリーブを遅くするか、間を空けてやります。

フライと魚の距離が近いと感じたら、スピードを上げてやります。そうして探しているうちに、魚に呑み込まれるストローク、上顎にがっちりかかるストローク、それぞれの長さを把握できるでしょう。

見えない水中の世界では、ラインやフライの軌跡と魚の泳層を、釣り人が頭の中で立体的にイメージできるかできないかが、大きな差になります。では、イメージするにはどうしたらいいのでしょう。

釣ることです。小物でもとにかくたくさん釣ることです。週に10匹釣るよりも、週に100匹釣る方がずっと上手になります。日常的に数釣りを経験していない人には、水中でのフライの動きだしや、軌跡をイメージできません。

数を釣り、シンキングラインの釣りに慣れてくれば、カウントダウン後のフライラインが直線状になっている様子、リトリーブを開始した時にフライが動き出す様子が、手にとるように分かるようになります。その三次元の感覚を体験してください。

フライを２本結んでカマスを一荷釣り。慣れてくると、１匹かけてから意図的に２匹目を追い食いさせられるようになる。

Ⅳ-3

シンキングラインの沈み方とフライの動き

海でストリーマーを動かしている時、遠く深く沈めたら、ラインもフライも見えません。ほんのゆるい潮の流れがあるだけで、海中には3次元の見えないたるみが生じています。

底ぎりぎりを攻めているつもりでも、海のシンキングラインの釣りは不確定要素が多くて、しょっちゅう失敗します。

フライやラインを根掛かりさせたり、アタリが無くなったり、アワセが効かなかったり、魚が掛かってもすぐにバラしたりするのは、ラインとフライの軌跡をイメージできていないからです。

過去40年間フライラインで海の底を何百回もこすり、何百本ものフライラインを失い、何千本ものフライを消耗してきました。

ミスキャストしたラインの沈み方

たるんだ状態でラインが着水すると、ラインと手前に落ちたリーダー、フライは、リトリーブ開始からしばらくは、だらだらとあらぬ方向へ動きます。 **図1**

フルシンキングラインの場合、たるみの入ったラインはそのままの状態で沈んでいきます。潮の流れがない場合、トップガイドからのラインをピンと張った状態でも、30ヤードにつき5～8メートル沈ませないと、水中のたるみはとれません。ラインを張らずに沈めるとラインを10メートル沈ませても横方向のたるみはとれません。

タイプ1、2、3は、カウントダウンすればするほど縦方向に大きくたるみ、水中のストリーマーは縦横にジグザグ動きます。ルアーだと面白いかもしれませんが、ストリーマーではいい結果は得られません。

30センチ以下のショート・ストロークで1秒間に1、2回リトリーブしても、水中のたるみは取れません。足元へ引いてくるまで、蛇踊りのように波打ったまま動きます。アタリは当然鈍くなるし、向こう合わせで掛かっても外れやすくなります。

直線的にターンオーバーさせ、リールからフライまでピンと張った状態で沈めれば、カウントダウンで生じるラインのたるみは縦方向のみになります。

水平方向にフライを動かすWFの〈たらし〉

シンキングラインのカウントダウンの釣りでは、フライラインとフライにはリーダーの長さ分だけ、段差が生じます。

乾いたストリーマーを12フィートのリーダーに結び、タイプ6のWFラインでプレゼントしたとき、リーダーを直線的にターンオーバーさせていても、フライは15秒から25秒間、水面に浮いたままです。

フライがやっと水中に引きこまれたとき、タイプ6のラインはすでに2.7～4.5メートルの深さにあります。ラインの先端よりベリー部が速く沈むので、ラインは大きくたるみます。その状態のストリーマーをリトリーブすると、下へ下へと動きます。水平移動の距離が短く、手前でやっと浮き上がってくるストリーマーの軌跡では釣りになりません。 **図2**

着水後にロッドトップからラインを送り込み、わざとたるませて沈めると、ラインは鍋底の形になって沈みます。海底の形状に合わせて手元から送り込むラインを〈たらし〉と呼びます。〈たらし〉の効果は、フライの水平移動を足元まで長く確保できることです。ラインの性質を知り、底の形状を知ってこそ、必要な〈たらし〉の長さが決まります。(P.45)
〈たらし〉により水平方向に近いフライの軌跡を作れるのが、WFラインの利点です。直線的に沈むのが売りのユニフォームシンクではWFの特徴を活かせません。

STは急激に浮き上がる

STラインでリトリーブすると、フライが浮き上がる角度が急になります。

急激に上昇するフライを追って食ってくる魚もいますが、STのタイプ4や6をロングキャストして深く沈めるとき、ランニングラインとの折れ曲がった水中のライン角度が気になります。　**図3**

これもひとつのたるみなのです。たいてい、折れ曲がったたるみがリトリーブで取れて、フライが浮いてきてからヒットがあります。

水深9メートル以内の浅いポイントでカンパチを狙う時、短くカットしたWFのベリー部のたるみがカンパチに警戒されることがあります。そんな時はあえてSTを使うことがあります。

タイプ1〜4のSTラインで、ランニングラインを水面直下に置きます。カンパチの視野にSTラインもランニングラインもなるべく入らないようにして、魚がいると思われるポイントの数ヤード先で、イカフライ(P.81)を急激に上昇させて食い気にスイッチを入れさせます。

フライを浮き上がらせる角度はSTのシンクレートで決められます。

図1　上から見たWFライン。ミスキャストしてぐちゃぐちゃになっている状態。水面の水平方向と、水中の垂直方向、二つのたるみが生じている。

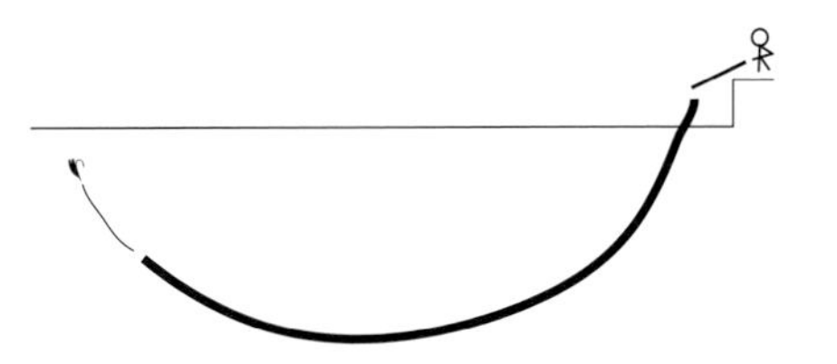

図2　横から見たWFライン。リーダー段差が生じていることに注意。このままリトリーブするとフライは下へ進む。

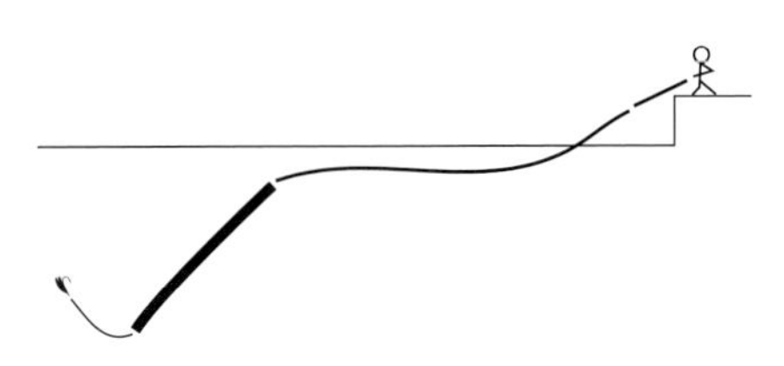

図3　横から見たSTライン。ランニングラインはあまり沈まない。フライはこの位置から急激に上昇する。

Ⅳ - 4

ラインのたるみを意識する

フライラインのたるみはノイズを起こす

シンキングラインの水中のたるみは、ストリーマーの軌跡を無効にするだけではなく、魚に警戒心を呼び起こすこともあります。たかだか何センチかのフライより、フライラインのノイズの方が影響大なのです。

フライラインのたるみをとることを意識しましょう。

余裕のキャスト後にロングストローク

まず、自分のキャスティング能力に余裕を持った距離でシュートします。ループが展開して着水する前に、ラインにストップをかけましょう。手でサミングするか、ロッドを立ててガイドの抵抗でブレーキをかけるかのどちらかです。リーダーがきれいにターンオーバーしてくれるはずです。

それでもスラックが入ったりリーダーがぐちゃっと落ちたら、ラインが沈む前に、たるんだ長さ分をリトリーブして、手元からフライまでをまっすぐにしましょう。カウントダウンはそれからです。

ラインを沈めた後のラインとリーダーの縦方向のたるみは、リトリーブの始めに何回かロングストロークして取ります。最初からちまちまとリトリーブを始めるより、それだけで、はるかにヒット率が上がります。

感度のいいロッドを使っていれば、水中のラインのたるみがとれてフライが動き出すタイミングが感覚で分かるようになります。

潮の流れでたるみをとる

潮の流れに引っ張らせて、たるみを取ることもできます。潮の流れの影響は想像以上です。人が歩く程度のゆっくりした潮でも、タイプ４のラインをダウン方向でキャストすると、すぐに浮き上がります。

手前だけ潮が速く流れているときにクロスキャストすると、タイプ６でも潮に負けます。大きく湾曲して、足元の障害物に根がかりします。　**図1　図2**

潮が流れすぎてラインが沈まないときは、手元のラインを送り込んで沈めます。カウントダウン中にロッドを持ったまま自分が流れとともに下流へ移動するのも有効です。

難しいのは、海の潮の流れは単純ではない場合が多いことです。手前だけ流れたり、表層だけ、下層だけ、ときには二段潮といって上下の流れが逆だったりと、複雑です。

こういうときでも、リトリーブを始める前にロングストロークでたるみをとることで、複雑な潮の境目が手の感触でわかるようになります。複雑な潮は、だらだらと流れる潮よりも魚釣りには好条件の場合もあります。ストリーマーの釣りでは、できる限りラインからフライまでピンと張った状態でリトリーブすることが大切です。

表層のナブラを釣るときは

肉食魚に追われてパニックになった小魚が水面で逃げ場を失ったとき、ナブラが起こります。

表層のシイラや青物のナブラを釣る時は、着水と同時に1.5メートルのロングストロークで速くリトリーブしましょう。少々のスラックやたるみは取れます。フライが動きだすタイミングが遅れると、シイラはフライを見切って、フライの後ろをついてくるだけになります。

青物のナブラを釣る時、もっとも気をつけることは、ストレートラインで着水させることと、長めのストロークで、落ち着いて引くことです。あわてず長いストロークで1秒間に1回のリトリーブをする方が、たるみは取れやすく、フライの急激なスピード変化もないのでヒットしやすいものです。

フライラインにもリーダーにも大きいたるみは禁物です。たるみが解消したとき、足の速い青物はもうそこにいません。

縦のたるみを使うリトリーブ

時には、積極的にたるみを利用してフライの動きを作ることもあります。深く沈めたあと、ラインのたるみをとるリトリーブをして直線に近づけます。リトリーブを止め、トップガイドから水面までのラインがだらんと垂れ下がるまで待ちます。待っている間の1～4秒が、海中のフライが下向きに動いている時間です。

そのあと、垂れ下がった空中のラインがぴんと張るまでリトリーブ。するとフライはストロークの長さ次第で、停止もしくは少しだけ上昇します。これを粛々と繰り返します。陸の釣り人には見えませんが、フライははるか彼方の水中で、縦方向にゆっくりとジグザグ運動しています。

底性のヒラアジ釣り用に考案し、超スローで引くタチウオ釣りのストリーマー、小さめのストリーマーやエビフライ（P.81）でのホウセキキントキ釣りに使うリトリーブです。

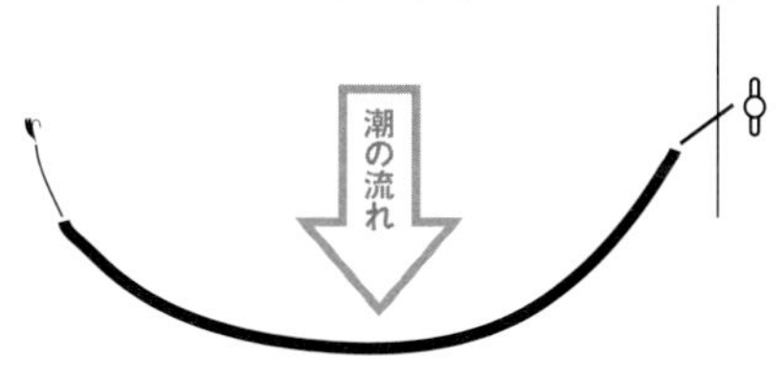

図1　人物の右方向から強い潮が流れているとき、上から見たWFライン。ラインは大きくたるむ。

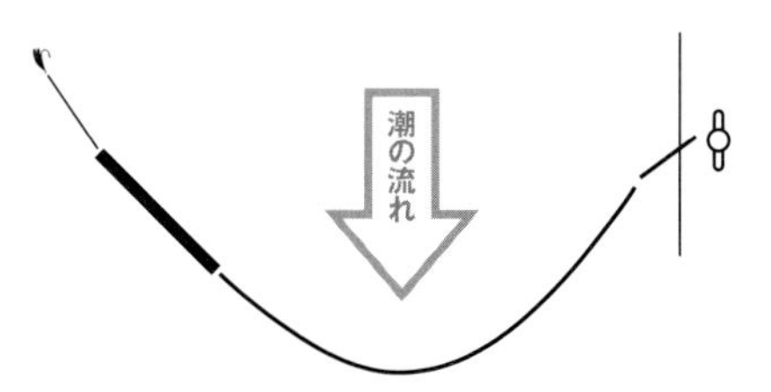

図2　同じく人物の右方向から強い潮が流れている。STラインはこのようにたるんで、足元で根がかりしやすい。

20ヤード沖を左手から右手へ強い潮が流れている。潮の流れの下へうまくフライラインが入ると、ピンと張り、リトリーブの感触が変わる。逆にラインが張らないのは、ラインが潮に流されて水中でたるんでいる状態で、いくらリトリーブしてもフライが動かない。ラインタイプとシンクレート、キャスト距離を工夫して、フライまでラインをピンと張った状態を保ちたい。

yfm Steelly <BORON> for Trout & Salmon
STH-906 9.0' LINE WT.6

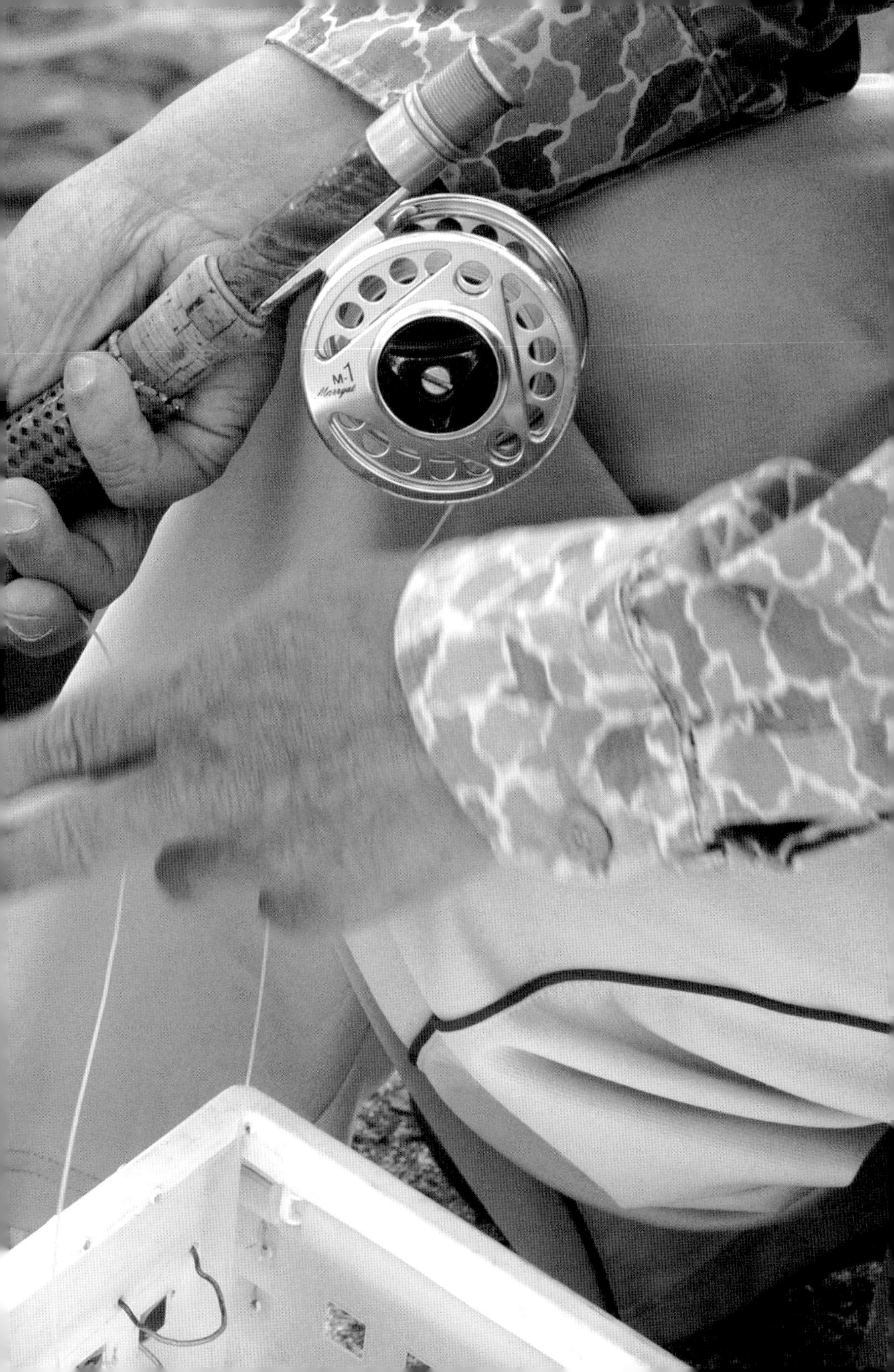
M-1

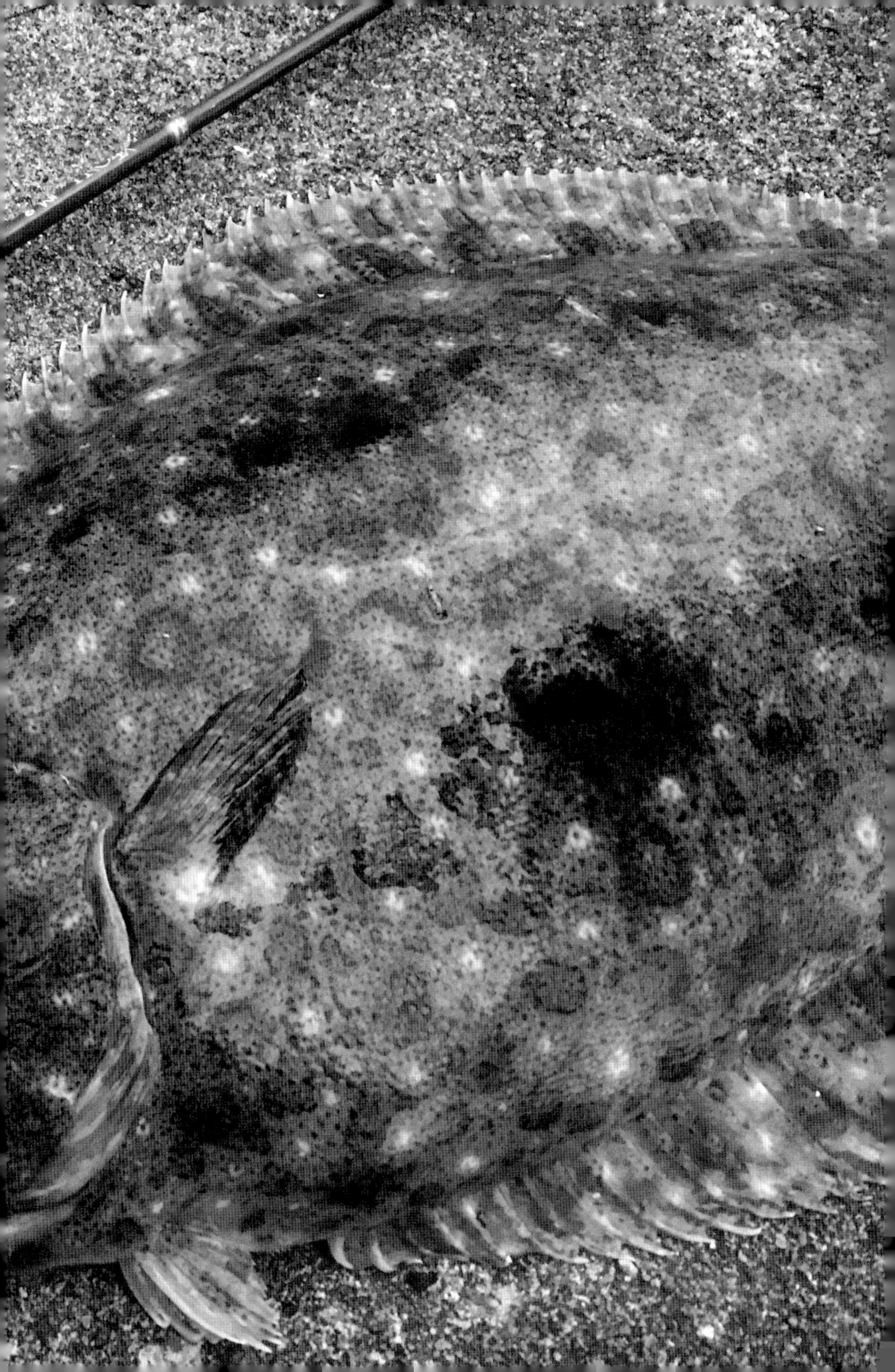

COLUMN

釣った魚をおいしく食べる

釣具店を経営していた父のおかげで、小さいころから釣り魚を食べつづけて飽きました。だから私はいま魚をあまり食べません。

家族はもともと魚好きでしたが、カマスもスズキもとっくに食べ飽きて、今は一切食べてくれません。世間で喜ぶおいしいアジもキントキも、高級魚カンパチでさえ、シーズン最初の数匹を食べてくれるくらいです。

反省をこめて言いますが、釣った魚を家庭でおいしく食べたければ、まず家族を魚にスレさせないことです。いったんスレたら終わりです。

いくらおいしい魚だって、毎日毎日10匹以上持って帰ったら奥さんにイヤな顔されます。誰も食べません。目もくれません、はい。それでも釣りに行くんです。そこは釣り人だから仕方ない。

たっぷり時間をかけてやりとりした魚の身には乳酸がたまってしまい、あまりおいしくありません。カマスやアジはさっさとランディングして水氷入りのクーラーへ直行させますが、一匹ごとに活き絞めして、血抜きの手間をかけた方が、はるかに美味しく食べられます。

シイラ釣りの堤防渡しの船頭に、「あんたら、クーラーがいつも空だね。」と気の毒がられたことがあります。釣れていない訳ではなく、入れ食いで忙しくて、一匹ごとに処理する手間が惜しくて、その場ですべてリリースしていたのでした。船頭は翌日私たちを堤防の一番いいポイントへ下ろしてくれました。

堤防から60ｃｍ級のシイラを釣って船の中へバックドロップで放り込むと、船頭はその場で絞めて血抜きをして港へ持ち帰りました。

「おいしいのになんで持って帰らないんだ？」

シイラは釣った後に熱いコンクリートに置かず、活け締めして血抜きの処理をしてすぐ食べれば、ハマチよりおいしい魚です。

釣り場で血抜きができていたとしても、持ち帰った魚のエラと内臓は、必ずその日のうちに取り除きます。疲れて家に帰ってきて「さばくのは明日にしよう」はいけません。

魚のさばき方が上手になりたかったら、短時間にたくさん数をおろすことです。身の柔らかい冷凍サバ10匹くらいを買ってきて練習しましょう。もちろん釣った魚なら何よりです。

カマスの干物作りのコツは、塩加減と干し時間です。私は酒の肴なら１リットルの水に大さじ１杯強、おかずにするなら大さじ１杯弱の塩を溶かした水に、約1時間漬けます。

干物は風干しです。いい風が当たるときは3時間､曇って風がないときは６時間が目安です。朝カマスを釣ってすぐさばいて、１時間塩水に漬けて干せば6時間、ちょうど閉店時間です。

乾き加減により、冷凍庫内での保存日数を調整します。冷凍庫の中でも乾燥は進みます。ビニール袋に釣った日付を書いておきましょう。

V
フライパターンで遊ぼう

海フライでも次々と新しいフライパターンが紹介されています。しかし海外でも日本でも、スタンダード・パターンと呼ばれるような、世界中どこでも効いて、誰もが愛用するフライパターンは少ないのが実態です。

誰かのモノマネのフライを信じて、ありがたがっても面白くありません。魚の本音は解らないし、どうせ遊びだからタイイングまで遊びましょう。

色も形も自由なのです。

V-1

ストリーマーはなぜ釣れる

立派なニセモノ

海フライの対象魚の餌生物として、1センチ以上の小魚が目立ちます。ストリーマーは、一般的に小魚のイミテーションです。

ストリーマーが小魚のイミテーションだからといって、小魚の最大公約数的イメージにぴったり合わせたストリーマーは、本当に魚から見たそっくりさんでしょうか。

イミテーションは、「まっ赤なニセモノ」です。そのニセモノが本物以上に、魚の好奇心、闘争本能、就餌欲をそそることができれば、「立派なニセモノ」になります。

フライフィッシングは漁ではなくて遊びです。遊び道具としてイミテーションフライをもっと遊びましょう。

色も形も自由なのです。

リトリーブと〝揺れ〟

エサやルアーの真似をしても、エサやルアーには勝てません。しかし、実際にエサよりルアーよりも、ストリーマーの方が釣れるシーンが多々あるのはなぜでしょうか。

柔らかいマラブーやヘアを使ったストリーマーは、本物の小魚ともルアーとも違う魅力をそなえています。私はそれが〝フライの揺れ〟だと思います。

P.74から紹介するストリーマーたちは、現在まで20年以上海で使い続け、それぞれ年間2500匹以上の魚を釣って来ました。私より数を釣っている人も数人いますが、フライパターンは大体似たようなものです。

リトリーブのパターンとフライの〝揺れ〟にこだわるのは、海中で小魚がとる数瞬の動きの観察がもとになっています。

集団でかたまっていた群れが破られ、全速力で逃げた小魚は、逆方向から別のミノーイーターに攻撃される瞬間、身悶えます。

全速力で逃げる小魚や集団で泳ぎ続ける小魚よりは、パニックに陥って悶えている小魚の方が、ミノーイーターにとっては食べやすいのです。柔らかいマテリアルを使ったストリーマーは、その悶える小魚を演出してくれます。

50年以上前にアメリカで考案されたラビットゾンカーは、柔らかいファーと薄いスキンの揺れのためによく釣れる、いいフライです。ただラビットゾンカーは、マテリアルも作り方も、使い方まで当時からほとんど変わりません。それは釣り人の創造力の欠如だと思うのです。

島国日本ならではのオリジナル・海フライパターンが作られていいはずです。

フライの色は自由に遊べる

フライの色で、この色でなければ釣れない、と言い張る人がいます。本当にそうでしょうか。それを確認するために、入れ食いの時、色違いのフライを2本つけてヒット数を比べてみましょう。

ただし釣果が3桁程度では統計になりません。大勢で入れ食いさせ、何年もかけて共通のデータを集めなければなりません。

そういうとんでもないことを皆でやってきた結果、色は宗教だと思い知りました。

ルアーにしてもフライにしても、釣れないときはカラーをローテーションさせるという教えがありますが、それは売る側に都合のいい論理と、ウソの統計です。色の信仰を言い張る人は、釣れないときの神頼みが、色の神様しかいない人です。

フライの色は〈明度〉で選ぶ

色とは反射される光の周波数のうちの可視光線のことです。射し込む光の量に関係して、反射される量も変化します。釣り人の目に見える周波数と、水中の魚の目に見える周波数は一致しません。魚にとって目立つフライの色は、色の周波数より、明度を判断材料にして選べます。

明度を基準に考えれば、黄色も水色もピンクも同じように使えます。黒も赤も濃い緑も同じように使えます。その範囲の明度の中で、好きな色を組み合わせて遊べるのです。やってみれば分かります。

エサになる小魚の背と腹の色に注目しましょう。下から魚が見上げたときに、２色重ねにしたウィングのフライがどう見えるかと考えたら、フック、ボディ、アンダーウィングの順に見えます。前や横から見た時はアンダーウィングだけでなく、トップまで全部見えます。

ストリーマーを泳がせるタナとスピードによりますが、トップウィングは明るい色でも構いません。背中を見やすい色にしておいた方が、足元ぎりぎりまでリトリーブしやすいでしょう。濁りや雨などフライに当たる光量が少ない時は、暗い色の方が釣れます。光量が少ない時はアンダーウィングの量を少なくします。

ウィング材８色から２色を選ぶと56通り、上下を変えると112通りの色のフライができます。偏見や思い込みを捨てて全色で釣ってみてください。そこから魚と色の対話が始まります。

V - 2

魚がいるのに食わないとき

フライの寸前でUターン

ギンガメアジ、ロウニンアジ、カスミアジ、イナダなどの青物、シイラなどは、遊泳力が高く、フライへのアタックスピードの速い魚です。リトリーブするフライを追いかけては来るが、食う直前でUターンすることがあります。

そんな時多くの釣り人はフライパターンのせいにします。しかし魚が反応したフライは、エサだと思われていようが、好奇心からだろうが、一応は正解です。

フライを交換する前に

フライをとっかえひっかえする前に、リトリーブを考えましょう。遊泳力の高い魚に対しては、リトリーブする手のスピードよりも、ストロークの長さが問題です。

ほとんどの回遊魚に使えるファスト＆超ロングストロークのリトリーブを紹介します。ロッドを前方に突き出し、ストロークの終りに手首のスナップを効かせて、後方２メートルにラインを投げ捨ててください。

リトリーブする手の回転スピードを上げれば、チャミングなしのシイラ釣りにも有効です。ギンガメアジ、ロウニンアジには手首のスナップは使わず、ストロークも短かめの１メートルで大丈夫です。

フライは撒き餌に殺される

ある日、サバが餌釣りで入れ食いでした。餌釣り師が使っているオキアミに似せたフライ（＃16～＃８のシュリンプ）を超スローで引くと、ヒットするのはソーダカツオのみで、サバはボウズです。

そこで餌釣り師の列から遠く離れ、＃２のマラブーハックル・ストリーマー（P.78）をＳＴラインで遠投し、ベタ底まで沈めた後、140 センチのロングストローク＆超ファストで引いてみたところ大当たり。35 センチ級のサバが入れ食いになりました。

するとその様子を見ていた餌釣り師がすぐに集まって来て、サバは撒き餌に狂い、フライへの反応はなくなりました。

またある日、シマアジが餌釣りのオキアミで入れ食いでした。餌釣り師に頼んで、撒き餌を投入するより先に、磯からフライをキャスティングさせてもらいました。＃４と＃６のエビフライを１投ずつして、シマアジの 35 センチ級を２匹連続ヒット。

それを見ていた親切な餌釣り師がもっと釣らせせようと、他の人にも声をかけて私の30 ヤードキャストに合わせた距離へ一斉に撒き餌を投入してくれました。その後はノーヒット。ストリーマーを引いてもまったくだめ。撒き餌が効いてしまうと、シマアジは匂いにしか反応しなくなります。よって、視覚だけにしか訴えないエビフライに反応させるのは無理です。他にミノーでもいれば、ストリーマーへ反応したかもしれません。

撒き餌に興奮している魚をフライで狙うのは無理です。撒き餌にあわせたフライを使っても釣れません。

撒き餌に影響されない回遊性の魚を狙うか、他の人が狙っていない場所で釣りましょう。

COLUMN

おすすめ分離型ポッパーミノー

クロダイ（チヌ）、ギンガメアジなどをフローティングラインにポッパーフライの組み合わせで釣ると、①飛ばない。②ターンが悪い。③派手に興奮させる分だけスレるのが早く、釣れつづかない。④フッキング率が極端に悪い。といった問題が出ます。

ストレスが溜まる釣りのわりに釣れないので、いやになる人も多いようです。

ポッパーヘッドと本体を離す分離型ポッパーミノーなら、③と④の問題は解消します。①と②はキャスティング技術で対応してください。

分離型ポッパーミノーをとくにお勧めしたいのは、セイゴとヒラアジ釣りです。普通に使っているストリーマーの前に、発泡材のヘッドを取り付けるだけです。ウレタン、コルク、餌釣用しもりウキなんでもいいです。

中通しのしもりウキはティペットを２回通すだけで半固定できます。釣りながらポッパーヘッドとストリーマーとの距離を調整するのも簡単です。色とりどりのしもりウキを数個、もしくは棒状の発泡材を１センチ刻みでカットして、穴を通してポケットに入れて持っていけば、「いつでもどこでもポッパー」が可能です。

音や飛沫を派手に立てる必要はなく、水面に波紋を作ればいいのですから、口径の大きい浮力材は要りません。後ろのストリーマーに対してぎりぎりの浮力でいいので、キャスティングの支障にもなりにくい。

25センチぐらいのストロークで、ストップなしでリトリーブします。セイゴやギンガメアジは狂ったようにアタックしてくるでしょう。ストリーマーをリトリーブする釣りに比べると、魚の数やサイズは落ちますが、笑っちゃうぐらい楽しい釣りです。

市販品のポッパーヘッドには、お椀形や斜めにカットしたものがありますが、これらはフォルスキャストで回転しやすく、ティペットがねじれてしまいます。なんの細工もない球体や円柱形でいいのです。ポッパーヘッドの色や形に凝るより、ヘッドからストリーマーを離す距離を工夫してください。

ただ、シイラ釣りには分離型ポッパーはダメです。ヘッドにアタックしてくるのでぼろぼろになります。

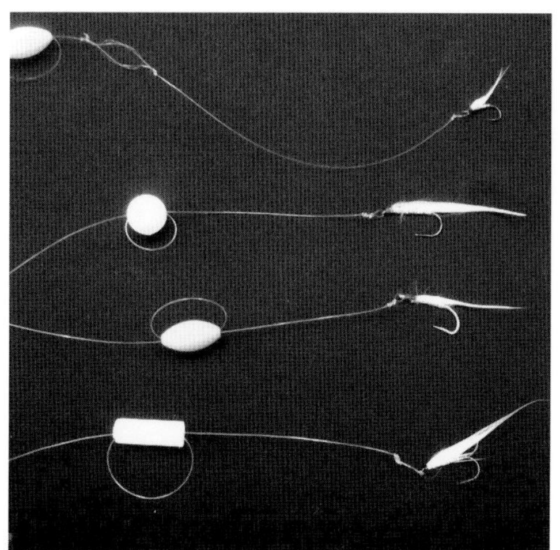
浮力体へティペットを２回通すと半固定される。移動も容易

小さな川の河口へ集まるセイゴを釣る

V-3

スタンダード・ストリーマーとタイイング

普段使いのストリーマー、手抜き・簡単・使い捨てのタイイングを紹介します。

フック

使い捨てなのでブロンズフックが基本です。細軸のバーブレスフックを多用します。貫通しやすいバーブレスで、魚のパワーに負けない程度の細軸フックを使います。

パワーのある海の魚には太軸のステンレスフックを使うのが過去の常識でした。たしかに細軸フックだと伸ばされたり折れたりすることはあります。しかしそれより、弱ったティペットが切れたり、ガツンときてもフッキングが浅くてばれることのほうがはるかに多いのです。

細軸のドライフライ用フックに巻いた「白の #10」でイナダ、スズキ、カンパチ、サワラなどを釣ってみた結果、深く刺さればフックシャンクのワイヤーはティペットより強いという確信を持ちました。

フライラインの沈下スピードに合わせてフライの重量を重くしたいときには、ステンレスフックを使います。軽いドライフライ用フックをシンキングラインのシンクレートに合わせたいときは、フックシャンクにワイヤーを巻きつけてウェイテッドにします。

フラッシャスレッドの作り方

ワックススレッドとフラッシャブーをまとめて自作した「フラッシャスレッド」をタイイングスレッドとして多用します。マツーカ・スタイルには特に便利です。(P.83)

まず、繋いで1メートル以上の長さにしたフラッシャブーを用意します。ワックススレッド、フラッシャそれぞれにテンションをかけて、一つのボビンに巻き取ります。

#10 以下のフックサイズには、シルバー1色のフラッシャと8/0のスレッドを組み合わせます。フックサイズが大きくなるに従い、2色、3色、4色のフラッシャとワックススレッドを組み合わせます。

複数色のフラッシャをボビンに巻き取る時に、あえてヨリを入れる必要はありません。タイイング時に自然にヨリは入ります。タイイング途中でボビンホルダーを回転させ、ヨリを入れたり戻したりして、フラッシャの色の重なり具合を調節します。

ウィングの素材と長さ

以前、スタンダード・ストリーマーのウィングにはゴートヘアを使っていました。ゴートヘアが入手難になってからは、シルバーフォックスと毛足の長いラビットを主に使用しています。柔らかさ、動き、揺らぎの特性ではラビットが一番です。

ウィング材の硬さにより、ウィングの長さを調整します。細くて揺らぎのないエアロドライウィングは短く密にとりつけます。柔らかく長いラビットやマラブーは、テールからヘッド方向へだんだん長さを短くしながら、間を空けて取り付けます。バックテールなどのヘアウィングはエアロドライと同じく長さをヘッド方向へ短くしながら少量ずつとりつけます。

どのウィング材でも、ヘアースタッカーで毛先をそろえる作業は行ないません。バラバラの毛先のまま適当にずらしながら重ねていきます。その方が濡れたときのシルエットがきれいになり、紡錘形をしたミノーらしいフライが自然にできます。

細く切ったテープ状の毛皮をそのままウィングにするラビットゾンカーは、任意のフォルムを作れないという理由で使っていません。マテリアルの変遷とともにタイイングは手抜き簡単になり、シルエットと揺らぎは完成に近づきました。

色は後塗り

染めるのが面倒くさいので、シルバーフォックスやラビットはほぼ白しか持っていません。白一色だけで釣れるのですが、面白くありません。そこで、後塗りでタイイング後に色を遊びます。

PILOTツインマーカーが発色、色止まり共に良くおすすめです。ピンク、ライトブルー、イエローなど。クリアファイルなどにフライを寝かせて、表と裏を塗ります。着色後はヘアを広げて、丸一日乾燥させてください。顔料系マーカーは不適です。

マツーカの段ごとや左右の側面で配色を変えてみると面白いです。釣果に差はありません。色がにじめばグラデーションです。使い捨てなら色落ちも気になりません。

エポキシ剤

ストリーマーのボディとヘッドに塗るエポキシ剤は、100円ショップにある10分硬化のエポキシで充分な強度を得られます。ドライヤーの熱風を当てながら塗ると、硬化の待ち時間が短縮できます。

ストリーマーはボディが壊れた時点でもう使えません。いくらボディの強度を上げても柔らかいウィングの方が先に壊れてしまいます。入れ食い状態でも10匹釣る前にはフライを新品に替えましょう。

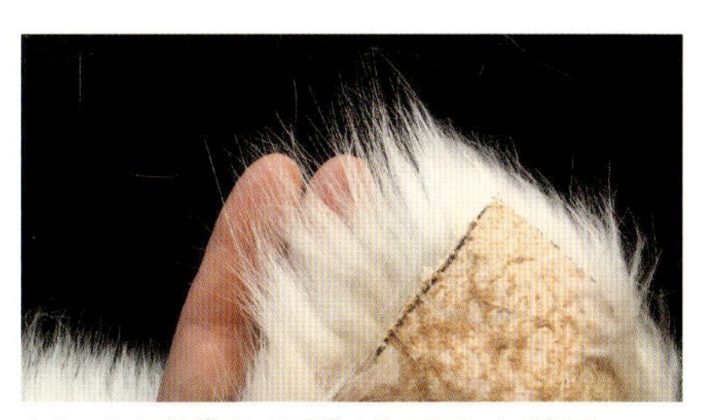
大きいサイズを巻くには毛足の長いラビットが必要

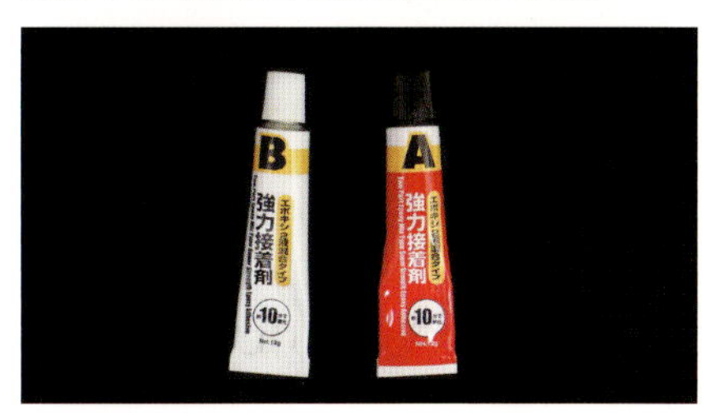

100円ショップのエポキシ

白のフライを作って後からマーカーで塗る

■ラビット・マツーカ(スタンダード)

Hook： TMC200R ＃8
Body： フラッシャスレッド
(シルバーメタリック)
Wing： ラビット
(ホワイト)

全長３～3.5㎝の細身ながら前方が少し膨らんだミノーらしいシルエット。フックシャンク全体に浮力がかかるのでスローでもファストリトリーブでも非常にバランスがいい。このフックで４㎝以上のシルエットを作るとテールが長くなりすぎてキャスティング能力によっては、からみやすくなる。

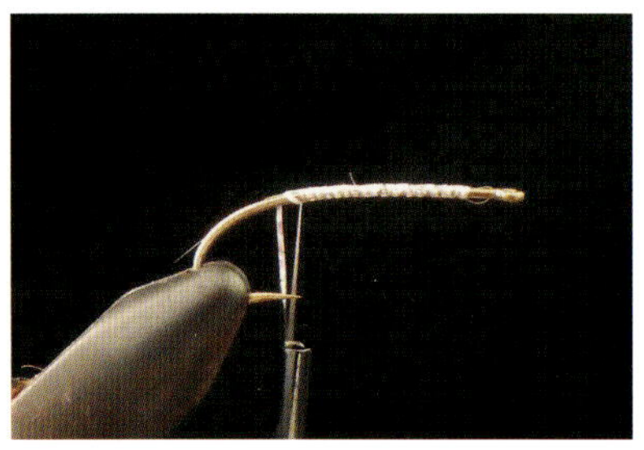

①ヘッド部を残して前から後ろへフラッシャスレッドを巻く。隙間があっても気にしない。シャンクの終わりに2、3回巻いてテールが下向きに落ちないようにこぶを作る

②テールの長さと量でシルエットが決まるので大事に。きれいに毛先がそろっていなくてもいい

③2段目のウィングはテールよりほんの少し短くする。ラビットの柔らかいうぶ毛を取り除きすぎると痩せてしまうので注意

④ヘッド部のヘアの量を減らせば細い頭のミノー、同じ量なら直線的な頭のミノー、量を多くすればボラみたいな頭のミノーなど自由に作れる。長さは2段目より短く

■マラブー・マツーカ

Hook： TMC200R ＃6
Body： フラッシャスレッド
（3色ミックス）
Wing： テール側から、マラブー、
シルバーフォックス

柔らかいマラブーの特性を活かすために全長は4㎝以上にしたい。テールだけでなく2段目もマラブーにすると動きは最高だが、2段目がからみやすくなるのとフックにかかる浮力バランスが前方にかたよる。

①大きいマラブーのハックルティップを芯ごと贅沢に使う。シャンクの延長上に面を縦につける

②ラビットマツーカの時よりはっきりしたこぶを作って枕にすると、少し後ろ斜めになる。ティップの芯の張りと斜めにすることでキャスティング時のからみを軽減

③テールのマラブーは量が多く見えても濡れたら細くなる。2段目、3段目のラビットでボリュームを作る。長さは少しずつ短く

④ここまでで細いなと思ったらヘッド部は量を増やす。太いなと思ったら色違いのヘアを細く長く2段目の後端まで伸ばす

■シャッド・マツーカ

Hook： TMC7989 ＃4
Body： フラッシャスレッド（4色ミックス）
Tail： シルバーフォックス
Wing： シルバーフォックス
UnderWing： シルバーフォックス
HeadWing： ラビット

アジのように稚魚でも縦に平べったいミノーを表現したいときに、縦のボリュームを作ったパターン。横から見ると幅広でも、下から見たら細い。4色使っているボディのフラッシャが良く目立つ。

①ラビットでは縦のボリュームは作りにくいのでシルバーフォックスを使用する

②ヘッドの一つ手前までマツーカスタイルの手順で巻いて仮止めする

③バイスに逆さまにセットし直して、ボディにエポキシを塗る。完全に硬化するまで待つ

④アンダーウィングを少なめに長くつける。最後にヘッドへ柔らかいラビットのウィングを取り付ける

■エアロドライウィング・マツーカ

Hook： TMC200R ＃6
Tail： エアロドライウィング（各色）
Body： フラッシャスレッド（2色ミックス）
Wing： エアロドライウィング　or
　　　　マシュマロファイバー

長年カマスの数釣りに使っている耐久性重視フライ。浮力のあるヤーンなら何でも使える。左の写真はウィングが長いままで先端がそろっていない。釣り場の状態に合わせて切りそろえる。(P.81)

①テールを短く取り付け、折り返す

②折り返した上側を重ね、下側より長く取り付ける。これでテールがからみにくくなる

③隙間を空けずにマツーカスタイルでウィングを取り付けていく。ここでは4回繰り返す

④スレッドを替え、フラッシャスレッドを止めて切る。ヘッドのエアロドライを止めてフィニッシュ。ウィングは動きにふらつきがないよう短めに切りそろえる

■マラブーハックル・ストリーマー

Hook：TMC200R ＃4
Tail：フラッシャスレッド（2色ミックス）
Body：フラッシャスレッド（2色ミックス）
Wing：エアロドライウィング
Hackle：マラブー（チャートリュースなど）
Siding：フラッシャブー（レッド）

スーパーマラブーをハックルとして巻く。シャンクを中心に全方向へ放射状にマラブーがハックリングされる。ほとんどからまない。＃4以上の大型フライに。全長はテールの長さで調整する。

①テールはフラッシャ10～20本、長さは最低マラブーの先端より出ること。浮力バランス上、インナーウィングは必須（マツーカスタイルでなくても可）。ヘッド部分を長めに残してエポキシを塗る

②スーパーマラブーのティップ部を6㎝ぐらいの長さでとりつける。しっかり巻き止めなければハックリングするときにずれる。スレッドはアイに持ってくる

③マラブーティップをまとめてハックルプライヤーではさみ、重なってなぎ倒さないように隙間を空けて3、4回巻く。アイ近くでプライヤーを上にした状態のまま、全てのマラブーを後ろへまとめてしごく

④スレッドでマラブーの頭を巻き止める。ボディとは色違いのフラッシャの真ん中をヘッドに取り付け、両方のサイドへ折り返して止めて側線を表現する

■チェーンボール・ストリーマー

Hook：TMC200R ＃4
Eye：チェーンボール
Body：フラッシャスレッド
（2色ミックス）
Wing：シルバーフォックス（2色）

ちょっと大きいチェーンボールをウェイトに使う。着水直後に水面下に入り、スローリトリーブでルアーのようにヘッドが左右に揺れる。

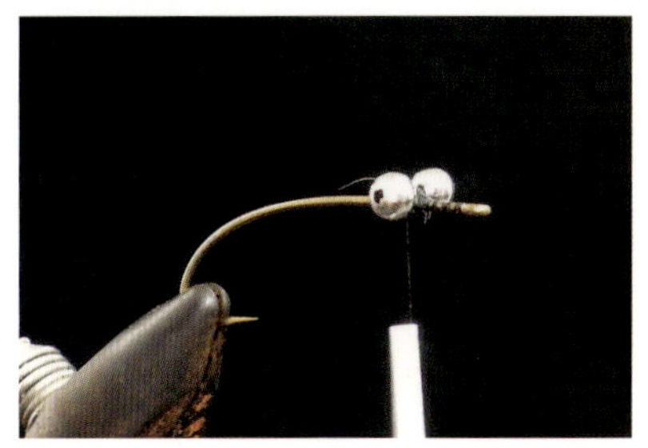

①チェーンボールを取り付ける。水平になるように気を付ける

②ウィング材が長ければテールは省いてもいい。短いウィング材の時はテールに加え、２段目のウィングを少量つける

③チェーンボールの後ろから前までフラッシャスレッドでたすき掛けして、チェーンボールの間を埋める。フックアイ側へ、逆向きにウィング材をとりつける。余りはカットする

④スレッドをチェーンボールの後ろに移動させてからウィング材を折り返す。後ろできつく締めるとウィングは立ち、ゆるく止めるとウィングは寝る

COLUMN

究極のストリーマー、「白の #10」

ある年の冬、夜明け直後のギンガメアジのライズを釣っていました。ひと朝だけ＃６のマラブーマツーカ５㎝で入れ食いしましたが、後はポワーッというライズだけで完全に無視されました。

日が昇ってからはいつものサイズはヒットするものの、大型は釣れませんでした。次のシーズンもフライがわからないまま、出口の見えない試行錯誤が続きました。

ある朝、若い漁師に「アミが見えねえのか。」と馬鹿にされました。生きているアミは透明で見えませんでした。

透明なアミをいかにしてフライにするか。透明もしくは半透明ということは、光は透過します。透明は、白という光りの全反射で置き換えられるかもしれない。

そうして誕生したのが白の #10、通称えさフライです。

＃10〜14 サイズは稚魚だけでなく、エビ甲殻類のイミテーションにも使えます。形はむりやりこじつけても全然違いますが、ゾエアもアミも透明に近い点が共通項です。ヤマメ釣りと同じように、ライズパターンを見て＃４や＃６からストンと＃12に落としたりします。

面白おかしく物事を複雑化して、ものすごいエネルギーと時間をかけて、たどり着いたところが、ただの白いフライだったというわけです。

ビッグフライ＝ビッグフィッシュという幻想があります。大型魚にとっては、微小なプランクトンや仔魚を食べるよりミノーを食べる方がたしかに効率はいいのですが、逃げまどうミノーを食べ損ねている大型魚もよく見ます。

こういう時、見えている５〜15 ㎝の小魚にフライサイズを合わせても、なかなかヒットが続きません。白の #10 はそんな見えていないエサの最大公約数になります。

この小さな白いフライで釣った実績のある魚種は以下の通りです。

セイゴ、フッコ、スズキ、ハマチ、カンパチ、マアジ、メアジ、マルアジ（アオアジ）、ムロアジ、カマス、ギンガメアジ、ロウニンアジ、カスミアジ、コバンアジ、イトヒキアジ、ホソヒラアジ、カイワリ、マルヒラアジ、コチ、ヒラメ、コトヒキ、コノシロ、ニベ、イケカツオ、ソーダカツオ、ムツ、アオヤガラ、ダツ。すべて表層で釣りました。

餌の最大公約数という意味をお分かりいただけるでしょう。

私がフライパターンについて色の意味を語るのは、この「えさフライ」の白だけです。

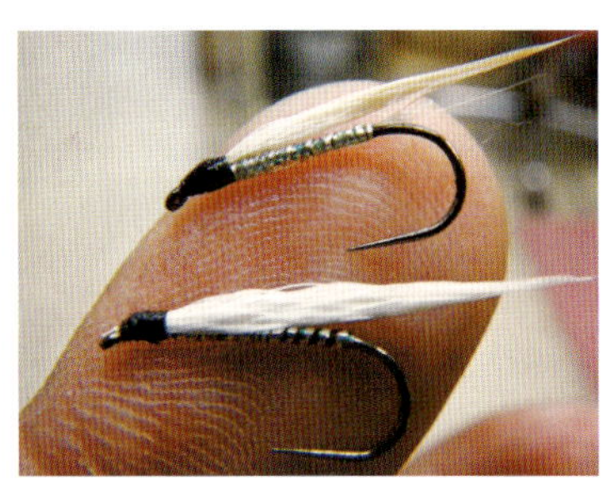
白の#10「えさフライ」。ウィングはゴートヘア

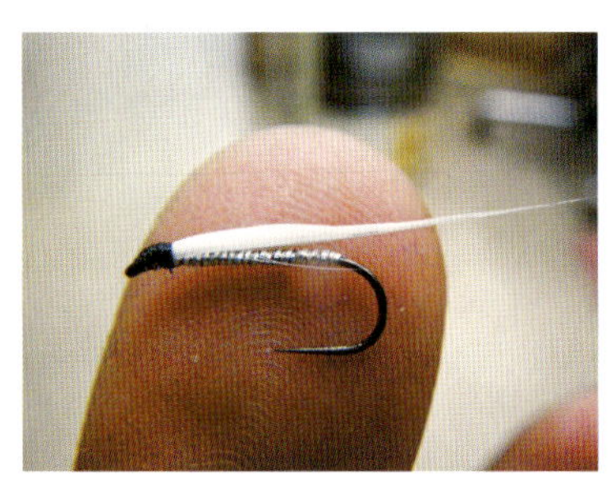
同。ウィングはシルバーフォックス

■ラビット・マツーカ（スタンダード）

Hook： TMC200R #6
Body： フラッシャスレッド
（シルバーメタリック）
Wing： ラビット
（マツーカ状で3段まで）

◎汎用性の高い現在のスタンダード・ストリーマー。#6、#8でほとんどの小魚のイミテーションフライになる

■白の #10（えさフライ）

Hook： TMC900BL #10
Body： フラッシャスレッド
（シルバーメタリック）
Wing： ラビット

◎透明な餌生物の最大公約数的フライ。#16以下はプランクトンフライ

■マラブー・マツーカ

Hook： TMC200R #6
Body： フラッシャスレッド
（3色ミックス）
Wing： テール側から、マラブー、シルバーフォックス

◎ラビットのスタンダードより長めのシルエットを作れる。柔らかい動きを表現したいときにも効果的

■シャッド・マツーカ

Hook： TMC7989 #4
Body： フラッシャスレッド
（3色ミックス）
Wing： シルバーフォックス，
ラビット

◎フックシャンクの下側へ、ヘアを足した。アジなどの体高のあるシャッド系の小魚を意識したパターン

■エアロドライウィング・マツーカ

Hook： TMC200R #6
Body： フラッシャスレッド
（3色ミックス）
Wing： エアロドライウィング
マシュマロファイバー

◎カマスの数釣りのときに耐久性を第一目的で使う

■マラブーハックル・ストリーマー

Hook： TMC200R #4
Tail： フラッシャスレッド（2色ミックス）
Body： フラッシャスレッド（2色ミックス）
Wing： エアロドライウィング
Hackle： マラブー（チャートリュースなど）
Siding： フラッシャブー（レッド）

◎シイラ、カンパチ、サバ、ブリなどに抜群の定番ストリーマー

■チェーンボール・ストリーマー

Hook： TMC200R #4
Eye： チェーンボール
Body： フラッシャスレッド（2色ミックス）
Wing： シルバーフォックス

◎ウィングをチェーンボールアイで折り返してヘッドを作る。プレゼンテーション直後に水面下に沈み、スローで横揺れする

■イカフライ

Hook： TMC811S #4
Tail： フラッシャスレッド
Body： フラッシャスレッド
Wing： シルバーフォックス
Eye： 黒ビーズ

◎シルバーフォックスのウィングを用いて縦にも横にもボリュームをつけたイカパターン

■エビフライ

Hook： TMC7989 #4、#6
Tail： ハックル（グリズリー）
Wing： ディアヘア
Body： ディアヘア
Eye： ビーズアイ or チェーンボールアイ
Hackle： ハックル（グリズリー）

◎海エビ、川エビのオールマイティなイミテーション・パターン

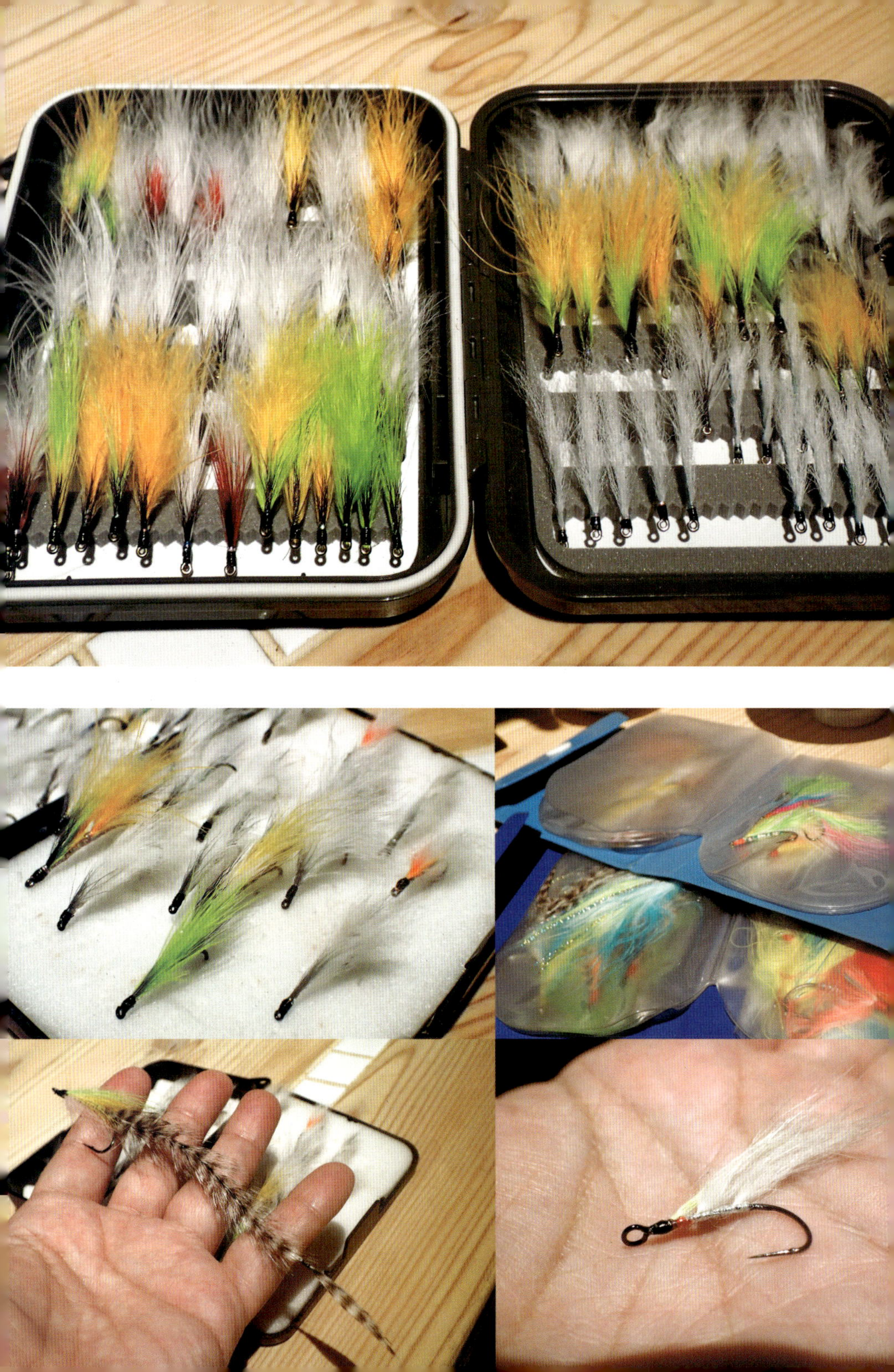

隣人の
海フライボックス

◎海フライを楽しんでいる仲間たちのフライボックス。プラケースやワレットを使っている人も。対象魚は、マアジ、マルアジ、カマス、サバ、セイゴ、フッコ、スズキ、サゴシ、ギンガメアジ、ロウニンアジ、カスミアジ、ホウセキキントキ、メバル、ソーダカツオ、カンパチ、シイラなど。バーブレス・細軸が基本。魚のサイズにより太軸も使う。ウエイトを仕込んであるフライはヘッドスレッドの色を変えるなどのアイデアも。

⇩　マーカーで後塗りした白のフライ。複数色を塗るときは一色ごとに十分乾燥させてから次の色を塗ると混ざり・濁りを抑えられる

⇦　水に濡らす前後のマラブーハックル・ストリーマー。リトリーブに反応して水中でメリハリの効いた動きを演出する。

⇩　ウィングを段々につけるマツーカスタイルにフラッシャスレッドは必須。「白の #10」はシルバーかパールのフラッシャブー＋ワックススレッド。フックサイズ＃８以上は、フラッシャブー２～４本＋ワックススレッド。ワックススレッドがないとマテリアルが止まらない。

⇦　仲間が集まって、同じ島の同じ季節に数年連続で通っている。狙いは尺のマアジ。実際に尺アジを釣った実績パターンを、上から古い順に３年分並べた。サイズは #10 中心。フライのフォルム、ウィングの素材、取り付け方、長さなどに各自工夫の跡が見られる。さんざんフライパターンで悩んだ末に、どうやらフライよりも魚の泳層に合わせたカウントダウン、食い気を誘うリトリーブ、食いが立つ時合いを逃さずいかにトラブルなくフライをキャストできるか、の方が重要かもしれないと気づき始めたところ。

⇩ マアジとスタンダードストリーマー（3段）

⇩　キールストリーマー（＃８）と、エビフライの超スローリトリーブで釣ったホウセキキントキ。8番ロッドが満月になる。(P.100)

Ⅵ
反骨のストリーマー

海フライでは、釣れる釣れないだけで言えばたいていのパターンと色で釣れます。フライは、エサに近づこうと思わないでいいんです。エサ釣りではハリ先をエサで隠すのは基本中の基本です。

ハリ先を堂々と見せているフライが、それでも釣れることこそ、フライフィッシングの面白さです。

interview

反骨のストリーマー

釣れないのはフライのせい

— ご自身のフライパターンで、一番これが好きだというフライはありますか。

ない。作った当初は惚れたけど、もう飽き飽きしました。これらのパターンを自分の釣りの中で確立してから、30年近くになります。もちろん新しいフライパターンを産み出そうとして、マイナーチェンジはずっと繰り返しています。

たとえば、エアロドライウィング・マツーカは、昔は歯ブラシみたいに、ヤーンをテグスでループ状につけて後で上を切って作っていた。そこから動きをよくしたい、フラッシャスレッドを使おう、ボディを強くするためにエポキシを使おうと、変わってきています。

フライフィッシングを始めたころ、誰でもあまり釣れなかったでしょう。釣れない理由を探すときに、自分の腕を棚に上げてフライのせいにするのが一番簡単なんです。

自分のフライを信じられないから、実績済みフライにすがる。完成品を買わないまでも真似る。遊びなんだから、自分で工夫して作ってみればいいじゃないですか。

いま私は、仲間が数種類のフライパターンしかほとんど使わずに、自分でフライを開拓する努力をしないことが不満です。

ほんのわずかなバランス

僕のフライパターンは、斬新ではありません。カマスを何百匹釣った、ヒラスズキを何本釣ったと僕が言うと、たいていの人は、あんなシンプルでいい加減なフライで釣れるなんて、場所がいいからに決まっている、と言います。でも僕のパターンのタイイングも、じつは難しいものです。

毎週20本以上を1年以上巻き続けて、2年目になってふとフライボックスを見返してみてください。「これ全部だめなフライだ」と本人が気付いて、やっと一皮むけるんです。そこを脱却すると、釣れるフライがなんたるものかが分かってくる。

タイイングのほんのわずかな違いでバランスは崩れます。たとえばこのフライ、テールがあと7ミリ長いとシャンクに絡みます。水に濡らせばよく分かる。ほんの少しの細かい長さだとか、ボリュームだとかの違いが、釣り続け、巻き続けている内に、だんだん個性が出てきて決まってくる。そこが面白いんです。

ドライフライ3000本

自分のストリーマーが他人のフライボックスの中に混じっていたら、同じパターンでも一発でこれが自分のフライだと分かります。巻いている途中でああこれはだめだな、と分かったら捨てます。バランスが悪い、絡むなと感じれば捨てる。

ドライフライと同じですよ。何千本と巻いている人のフライは、テールにせよハックルにせよ、長さも量も取付位置もきっちり決まっています。

ドライフライに比べたら、サイズの大きい海のストリーマーなんて雑です。コンマ何ミリの誤差は許される範囲内です。だから僕は「ドライフライ3000本、海のフライ500本」と常々言っています。

釣れている時こそフライを変える

ラビットゾンカーであれ、僕のフライであれ、じつは釣果に大して差はないんです。きちんと釣れば、一応は全部釣れます。

盛んに釣れている最中に、友人とフライを交換して違うパターンにしたり、色を変えてみたりしましょう。それで釣れなくなったとしたら、パターンは合っているのか、その色でいいのか、という問いかけをしてみるべきです。

色も形も自由である

同じパターンでも、巻く人によりバランスが違っているはず。ストリーマーのバランスはとても難しいんです。ねじれたら絶対だめですし。

— カマスの入れ食いのときに、それまで釣れ盛っていた色から、まったく違う他の色に変えたとします。魚の反応は変わりますか。

10匹が7匹とか8匹になります。でも10匹が0匹には絶対になりません。

釣れる、釣れないだけで言えば、海のフライなんて、たいていのパターンと色で釣れます。

秋に黄色のゴダードカディスで表層を超ファストリトリーブすれば、ギンガメアジとイケガツオがばくばく来ます。僕らはそれを見て「ここのギンガメアジはカディス喰ってるんだ。」と笑っています。

イケガツオを1匹釣ったら、アンテナ付きのゴダードカディスなんてもうボロボロになります。でもね、そういう遊びをしてもいいじゃないですか。カマスを70匹釣れるところが69匹で終わったとしても、遊べればいい。

大量のカマスと氷を入れたクーラーを担いで長い堤防を歩くのは、どのみちものすごく大変なんだから。

色で遊ぼう

interview

反骨のストリーマー

擬餌鉤というくらいで、エサに近づこうとしているのがフライだと言う人は多いし、僕も昔はそう思っていた。それはある意味で正解なんだけど、ストリーマーならもっと違う意味で遊べます。

ピンクのキビナゴはいないけれど、ピンクのストリーマーで充分釣れるし、キビナゴに見せることはできます。魚から見たときの明度・彩度でいけば、ピンクも黄色も同じです。

クラシックのウエットフライ、サーモンフライは色で遊んでいますよね。あれは各植民地からいかに珍しい羽根を集めるかを競ったからでしょう。色よりも動きが大切なストリーマーは、もっと能天気に遊べるはずです。

色のぼかしだとかグラデーションは本来アジア人が得意な分野です。イミテーションをもっと遊ぼうよ、と言いたい。ゴカイのバチ抜けパターンが、赤い色でないといけないはずはないんです。そこを疑ったほうがタイイングは面白くなります。

淡水のフライフィッシングだって同じです。アメリカ人が昔、ブラックバス向けにウオーターメロン味のワームを作りました。色もメロン色。もちろんメロン好きのバスがいるわけじゃなくて、あれは遊びなんです。でも日本人は黄色が釣れる、いや赤がいい、とやっちゃう。刷り込まれればすっぽり信じてしまう。

色は宗教なんです。どんなフライでも一応は釣れるんだよ、ということを、まず自分自身の体で分かること。そうすれば妙な宗教から抜け出られます。

イミテーションはまっ赤なニセモノ

渓流のフライを海で使ったっていい

フライパターンで表現できるのはフォルムと色と動きです。

たとえばカニの幼生期であるゾエアは透明です。ゾエアをフライで表現するなんてどだい無理。そこで色を共通にしておけばパターンが違っても、動きやタナ、プレゼンテーションでなんとでもだませるんじゃないか、遊べるんじゃないか、というのが僕のフライフィッシング的な考え方です。

もし本物とフライの間にどうにもならないような差があったとしても、6時間前に喰ったエサの記憶が残るという魚の特質を突けば、だませます。

透明なエサをイミテートしようと思うときに、透明な糸はあっても、透明のフックと透明なマテリアルはない。イールワームストリーマーだって、フックは丸見えです。だから僕は、イミテーションフライは真っ赤なニセモノです、と言うんです。

フライは、エサに近づこうと思わないでいい。フライには糸とハリがついている。エサ釣りではハリ先をエサで隠すのは基本中の基本です。ハリ先を堂々と見せているフライが、それでも釣れることこそ、フライフィッシングの面白いところです。

自分のフライで釣りたい

フライフィッシングでカマスを100匹釣っても大したことはないですが、ルアーで50匹釣るのはかなりの腕です。カマスが1000匹いたときに、ルアーの場合は1投で半分のカマスを興奮させてしまいます。だからルアーで数釣りしようと思うと、手を変え品を変えてたいへんです。

フライフィッシングならリトリーブも地味だし、一度にスレさせない分、長い時間釣れ続けます。フライなら誰がやっても釣れます。

海のフライフィッシングは、キャスティングを練習したり、フライタイイングに習熟したり、魚を探したりと、釣りに至るまでにある程度の修練が必要です。目の前にいる魚を釣るためだけなら、わりといい加減でも釣れます。ところが自分の思い通りに釣ろうと思ったら、いくらでも考えるべきことはあるんです。

フライパターンについて言えば、海の向こうから輸入されたり、他人が作ったパターンをありがたがっても面白くない。日本には日本の、自分には自分のフライパターンがあるし、それを探すのがフライフィッシングたるゆえんでしょう。

僕は今まで数えれば何万本ものストリーマーを巻いてきました。その中で気に入ったものは1本もありません。と格好つけたいところですが、本当のことをいうと、全部気に入ってます。全部のフライに念が入っている。

そうやって巻いた僕のフライを、そこらへんのビニール袋に放り込んで釣りに行くんです。僕のフライは人に見せるフライじゃないもの。

COLUMN

釣り人が見た海の温暖化

世界規模で気温、海水温、水位の上昇が叫ばれていますが、そのメカニズムは素人の私には解りません。ただ、40年も空と山と海を見ていると、魚と季節がずれてきていることは、感じます。

春カマスの産卵時期が長くなっているようです。ヤマトカマスはアカカマスより接岸時期が1カ月早かったのに、逆転したり、3か月もだらだら産卵したり、例年のポイントに寄りつかなくなったりです。

タイワンカマスの北上に伴い、ヤマトやアカもどんどん北上しています。カマスの変化を初めて感じたのは2002年です。それまで宮崎、和歌山では秋カマスは越年しなかったのですが、2008年頃に冬でも釣れるようになりました。北陸の日本海で秋カマスが釣れたのも同年です。

産卵期や産卵場所が変わったことにより、ピンカマスの時期が不順になりました。場所によっては、親カマスに稚魚のうちに食べられたり、揺りかごであった場所が親カマスに占拠されて育たなかったりしたことで、秋カマスが全く釣れなかった年もあります。

鹿児島湾奥のサヨリ漁は2003年から不漁になりました。わずかに残っていたアマモの花が枯れ、種ができず全滅したのも2003年です。

夏から秋のギンガメアジは、それまでカマス同様に数釣りできる魚だったのに、夏に釣れても秋には姿が見えなくなり、ほとんど釣れなかった年もあります。昔は釣れたという私の嫌いな言葉がつい出ます。

ところが今まで迷い魚としてしかお目に掛からなかった2～5kg級のロウニンアジが、真夏に地磯に来るようになりました。夢のジャイアント・トレバリーを求めて外国へ行かなくてもいいのです。

奄美で獲れるはずの9kg級のブリが、真冬に鹿児島湾の浅瀬にくるようになりました。10番や12番の高番手ロッドを使うようになってきたのもその頃です。7番、9番が中途半端に見えてきます。ブリとともに、ブリの餌になるカタボシイワシも釣れるようになりました。こちらも2007年までは地元の沿岸にはいなかった魚です。

カマスとセイゴは暦どうりと思っていましたが、だんだんセイゴまで狂ってきて、過去20年のデータより2カ月以上も遅れるようになってきました。

屋久島以南にはスズキはいませんが、近い将来、鹿児島からもスズキが消えるかも知れません。その分、鹿児島より北の皆さんは2003年以前の私のデータがそのまま使えるかも知れません。

そうなっても決して温暖化万歳などと言わないでください。消える魚のほうが多いのです。

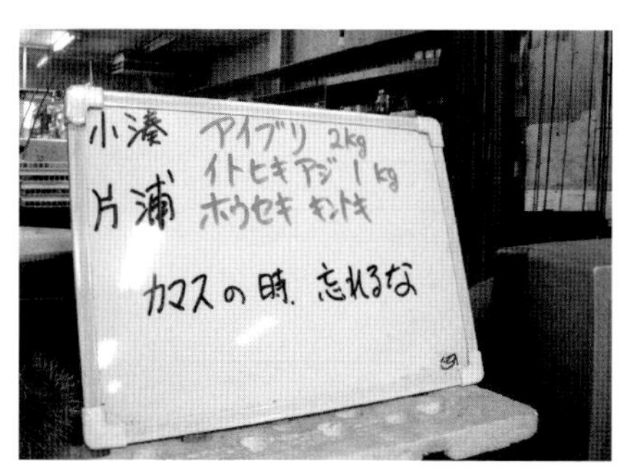

狙える魚種が豊富なのも海の魅力。夢屋店内にて

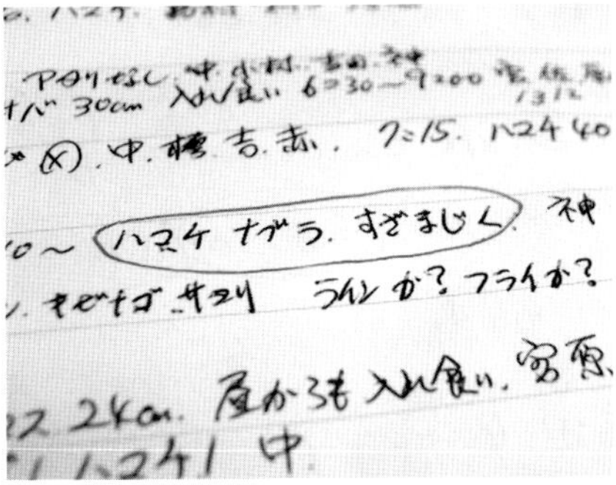

Ⅷ
探りとデータ

海は広いな、大きいな、どこに魚がいるのやら。どんなベテランでもいない魚は釣れません。

魚のいるいないには、季節ごと、潮ごと、ポイントごと、魚種ごとで必ず法則性があります。

そのデータ取りは一人ではできません。仲間を作ってお互いのデータを共有することで、狙い通りの釣りに近づけます。

予想が見事に当たって手にした一匹の喜びはひとしおです。

Ⅶ - 1

海フライはデータから

メモ魔になろう

未知の海フライを始めてから、最初の10年は独りで悪戦苦闘しました。若い頃からの海釣りの経験も、いざフライフィッシングに活かすとなると、何もかも暗中模索でした。次の10年は何人かの仲間を海フライに引きずり込んで、だんだんと釣果や魚種が増えていきました。

私たちが「データノート」と呼んでいるノートがあります。私とお店のお客さんとみんなで作っています。現在、365日×20年分の蓄積があります。

メモ魔になることは重要です。しかし、煩雑な細かいメモだけでは有効なデータはできません。何度も読み返して、公約数をいくつもしぼり出す必要があります。公約数の中の最大公約数を見極める能力が必要です。それが後々に活かせる貴重なデータとなります。

海フライ全般でいっせいにデータをとろうとしても、場所によって潮の動きは違うし、水温も違うし、魚種も違うので、あまりにも複雑になってしまいます。最初は、1ヶ所1魚種にしぼって、手分けして通いましょう。

データノートの書き方、5項目

まず気象協会発行の潮汐表を買います。はじめの数年間は1回の釣りに、ノートの1ページを全部使い、ゆとりをもって記入します。慣れてくれば、記入しながら情報を整理できるようになります。

① 日付とともに旧暦を記します。旧暦で潮の大きさ、干満のおおよその時間や、月の大きさ、月の出、月の入りまで分かります。もちろん、釣りをした時間も記します。

② 場所、ポイントの地形、潮の流れなどを、詳細に作図します。

③ 当日の天気、風向やウネリの方向、前日の雨量を記します。ヒラスズキ狙いなら大体の天気図も書いた方がいいでしょう。水温は漁師に聞くと教えてくれます。

④ 釣れた魚のサイズと数。使用したタックル。釣り場で人間から見えたエサと、釣った魚の胃内容物。近辺で釣れていた魚も記録します。漁港の魚揚げ場に行けば近隣の海域にいる魚種の全体像が把握できます。

⑤ 備考、反省点や、居合せた釣り人の情報（ガセネタでもいい）を記入します。釣具店からの情報は、自分が現場に行って確認してから記録すること。

仲間の自慢話でも、これらの項目を根掘り葉掘り聞き出すと、次からは相手もちゃんと観察するようになります。たとえば、釣り場での風の様子の説明も、「後ろからの風だった」が、「北西のなんとか振れる風」に変化します。この差は大きいのです。

他人の釣果も、なるべく多く、詳しく記録すること。週に1回しか釣りに行けない人でも、他人の釣りを記録することで、そのポイントの連続性がわかります。

いるかいないか、それが問題だ

夜明け前の30分の釣りのために、毎朝

海へ通えないと言う方もいるかもしれませんが、イブニングライズ狙いで川へ通うのと同じです。

海フライでは、そのポイントに魚がいるかいないか、それが一番問題です。昨日は魚があふれていたのに今日はまったくいなかったり、夜明けだけ入ってきて後は１匹もいないのはごく普通です。

魚のいるいないには、必ず法則性と規則性があります。何日も何回も通って、情報を自分で整理し悩んでいるうちに見えてくる。だからこそのデータノートです。

渓流釣りで釣れなかったら「魚の食い気がなかった」と言い訳できます。海フライでは、魚はいないときは徹底的にいません。その代わり、いるときにはたくさんいます。

だから釣り人は自信がつくまで、まぐれでもいいから１匹釣るまで、データ取りの下積み生活を続けるのです。そのうちきっと、釣り場に着いて匂いを嗅いだだけで、釣れるか釣れないかが、直感的に判断できるようになります。

メカニズムが分かってしまえば、あとは釣り堀みたいなものです。

某年９月、Ｏ川河口のヒラスズキ釣りのデータノート。のべ 50 人以上の釣り人による 26 日間の汗と涙と笑いの記録。結果、魚の居場所と動きの傾向が見えてきた。来年の同じ季節に活きるだろう

Ⅶ - 2

釣り情報、教えます

日の出2時間前に目が覚める

「なぜ、毎日釣りするの？」
「もっと釣りたいから。」

これは私と毎朝一緒に海に立っている二人の答えです。〝そこに山があるから〟的な、答えにならないものでした。

私の日常はこんな感じです。日の出2時間前に起床。歳とともに起きてから家を出るまでの時間が長くなりました。バイクで釣り場へ向かいます。半径50キロ以内がテリトリーです。

健康のための朝の散歩が、私の場合は釣り場めぐりです。朝食は自宅で食べたことがありません。朝9時前には店に帰って仕事。夜9時にはほろ酔いで就寝。

たまに夜釣りをするとふらふらしますが、朝はいつも通りの日の出2時間前に勝手に目が覚めます。この不規則正しい生活を長年送って、いたって健康であります。

無駄足こそが〝遊び〟である

私と一緒に連日の朝飯前の釣りをしてきた人たちの顔ぶれは、何度も変わりました。止めていった人も多くいます。しかし個性あるフライフィッシングをする人たちのおかげで、私一人では不可能な、魚と釣り場の開拓や細かいデータの集積ができました。

通勤途中や家族サービスのついでに、釣り場をのぞいてくる人はたくさんいます。私が1、2匹引き出した魚を次の日曜日に100匹釣ってくる猛者もいます。

なによりありがたいのは、悪戦苦闘の末のボウズの報告です。新しく開拓したポイントには、1年を通して通う人、時間をずらして探る人、実績済みのパターンをあえて使わず、面白がってチャレンジする人などが通い、様々な情報を集めてきます。たくさんの無駄足が、遊びの釣りの奥行きを深めるのです。

話が違う!となる前に

安直に釣りたいと思ったら、正確で新鮮な釣り情報を求めたくなります。ところが世の中そんなにうまい話はありません。

釣り師の話は両手を縛ってからと言うように、釣り人とホラ話はつきものです。釣り場に立って「話が違う！」と叫んだ人は多いでしょう。

悪いことに、釣り人は情報を隠したがります。分け前が減るという考え方です。渓流釣りのシーズンが終わってから「じつは…」と色々な情報が出てくるのは、そんな根性がなせるわざと言えます。

その点、海の魚は数が多いのが特徴です。ポイントのキャパシティの問題で情報を隠すことはあっても、魚の分け前が減るという考え方は、海のフライフィッシングには縁遠いものです。仲間をつくってわいわいと楽しみましょう。

毎日情報を交換する

私の場合、基本的に海フライの情報は自分で作ります。ただし一人で数カ所・数種類の魚のデータは集められません。そこで自分もデータを作りたいという仲間たちと、お互いに情報交換をしています。この段階での情報には、ぜったいに間違いはありません。全幅の信頼をおけます。

仲間以外から入ってきた情報については、誰かが必ずウラをとりに走ります。むずかしい内容の場合は、集中的に入れ替わり立ち替わり入って、前の日の釣り人とやり方を少しずつ変えて試します。

ある程度データがそろった時点で、広く情報を公開します。相手によってはあえて開拓の余地を少し残しておけば、彼らはやる気を起こしてくれ、さらに深いデータが集まるでしょう。

有明ターポン

ヒラという、コノシロのお化けみたいな魚がいます。よくジャンプするので「有明ターポン」と呼ばれています。最近になって発見したヒラのポイントへ、のべ16人の仲間が集中的に通い、ポイント、深さ、明るさ、フライパターン、リトリーブ、あらゆる要素について試しました。

その結果、それまで言われていた常識とは異なり、簡単に釣れてしまう魚だということが分かりました。そこまで至るのには、データ取りに協力し合っている仲間とのコミュニケーションがもっとも重要でした。お互い認め合い、信頼し合っているからこその話です。

ヒラはこの30年間、私たちの地元の海ではまぐれでも釣ったことのない新しい魚種でした。釣り方はもう分かったので、次に生息域の特定と、なぜ今まで釣れなかったのかの検証に入りました。現在はそれらもだいたい分かって来たところです。

楽しくギブ・アンド・テイク

インターネット全盛の世の中ですが、釣り場で会った釣り人に話しかければ、モニタの何百倍もの情報を得られます。逆に言えば、ウソだってかんたんに見抜けます。

お互いを信用して胸を開き、手の内を全部見せ合って、皆でシェアしましょう。

海フライでの情報は、基本的にギブ・アンド・テイクの世界です。五分とは言いません。自分で汗を流して手に入れた情報ならば、1：9の1でもかまいません。私が長年とても欲しがっている情報の、それが最後の1ピースかもしれません。

あらためて言います。海フライでは、淡水でも同じですがそれ以上に、魚がいない場所、いない時間、いない層では絶対に釣れません。魚は、いないときには全くいません。全国どこの海でも同じです。

通り一遍の情報ではなく、中味の濃い情報を入手してください。そしてその釣り場に慣れている釣り人、できれば地元のフライフィッシャーに声をかけて一緒に釣ってください。キャスティング以外のテクニックは釣り場で覚えられます。

Ⅶ-３

数釣りの向こう側

数が釣れて当たり前

カマスの場合、３匹釣れたらその周囲には3000匹のカマスがいると言われるぐらいに群れています。数が釣れて当たり前の魚です。いい季節にヒットパターンを見つければ、朝だけでクーラーが満タンになるのは珍しいことではありません。

数釣りの向こうにあるものは何かと考えると、101匹目の感動がないのならもっと面白い101匹を釣ろうということです。それができるのがフライフィッシングという釣りの最大の魅力です。

正確な数を数えていないのではっきりとは言えませんが､私個人の年間ヒット数は、４月から11月までを合計してカマスを含めて、2500～4500匹の間だと思います。

カンパチ釣れてます

誰かから釣りの情報を聞く場合、肝心な要素がたまたま抜けていたり、聞く側の思い込みで聞かなかったことがじつは重要だったりした時に、情報としての意味をなさない場合があります。

それが繰り返されると、すべての情報を信じない疑心暗鬼の固まりのフライフィッシャーが出来上がります。

いっぽうで最近は、画像付きのＳＮＳやブログなどで発信される情報には、なぜかまったく警戒心なく鵜呑みにする釣り人が増えているようです。釣り人の免疫がまだできていない新しい伝達手段だからでしょうか。

以前あったＡというブログは釣った魚の画像をたくさん載せていましたので、フライフィッシャーのみならずルアーマンもずいぶん覗き見していたようです。

その年、地元の「600番堤防」でのカマス釣りが始まりました。最初に探り当てて以降、私たちは昔ながらのアナログ的なやり方で、中身の濃い情報のやり取りをしていました。

数日後Ａに、明らかに600番堤防だと分かる画像が載りました。カマスが入れ食い、カンパチも出ています、という記述といっしょにです。

次の日曜日の600番堤防は、ルアーとフライフィッシングの釣り人でごったがえしました。この堤防が完成して以来の人出です。

いつもの600番堤防では見たことのないフライフィッシャーはもちろん、はるか昔にフライフィッシングをあきらめたはずの人の顔も見かけました。

数よりも納得の10匹を

600番堤防のカマスとカンパチ釣りの特徴は、ショートキャストでも釣れることです。14、15ヤードしか投げられなくても釣りになります。

ただ、ショートキャストでワンパターンな釣りをする人々と、ふだんから通っている私たちの間には圧倒的な釣果の差がつきます。

ある日、600番堤防で初めて見るフライ

フィッシャーと、カマスを愛している青山氏、私の3人がたまたま5メートルずつ離れて釣っていました。結果は2時間でカマスを青山氏が48匹、私が57匹、初めてのフライフィッシャーは4匹でした。

その差はラインシステムの選択、キャスト距離、ターンオーバー、カウントダウン、リトリーブの違いです。

見知らぬフライフィッシャーは釣っている間ひと言も喋らず、私たちの方を見ようともしません。無言のまま、険を含んでだんだんにじり寄ってきました。申し訳ないですが、こちらから話しかけるのを尻込みしてしまう雰囲気です。

また、600番堤防へは初めて来たという、ベテラン風のフライフィッシャーが誰にともなく言いました。

「自分は数を釣りたいのではない。納得できる10匹を釣りたい」。

ちょっと格好よく聞こえますが、納得の10匹を語る人の両サイドで、私と青山氏が二人そろって100匹単位で入れ食いさせたところ、その人は翌日から姿を現しませんでした。いくら格好いいことを言ってもあのキャストでは。キャスティング技術のレベルがひと目で分かるのはフライフィッシングのこわいところです。

一緒に上達しましょう

その年の600番堤防でカマスとカンパチが釣れ盛っているあいだ、600番堤防へ初めて来たフライマンが使っているフライパターンは2種類でした。Aに載っているフックサイズ＃6のストリーマーと、長めのフォルムのキャンディパターンです。

隣で入れ食いになっている地元のフライフィッシャーのフライを見に来る人はいませんでした。

海フライでは一人の探りには限界があります。気軽に情報交換をして、一緒に上達しましょう。たくさんの魚を釣ることから見えてくる世界もあります。

夜明け前に港を歩く。経験を重ねて初めて見えてくるものがある。「その先」の向こうに、さらに「その先」が見えてくる

Ⅶ-4

ある日の探りの風景

ギンガメアジが入れ食い

若いころ、南の楽園に行けば釣れると思い、あちこちの島へ出かけました。行く先々で珍しがられました。

10数年島を巡り、南海の楽園は幻想だと知りました。1986年に初めて行った種子島でも、他の離島同様、有史以来おそらく私が最初の海フライマンでした。

漁港を一つずつ回ると、夕方には釣り飽きました。どこも貸切りで25センチ級のギンガメアジが入れ食いだったのです。

ロッドは6番、8番、10番、リールは8個、フライは大小200本を持ち込んでいました。使ったロッドは6番だけ、ラインはST6のタイプ4にフローティングのランニング。フライは色々使いましたが#6フックならなんでも釣れました。

水深5、6メートルで底の小石がくっきり見える透明度の高い港です。魚が見えなくても、フライをキャストして超ファストリトリーブすれば、どこからともなくギンガメアジが群れで追ってきます。

ヒットしたら大変、そこいらじゅうで興奮したギンガメアジが右往左往バシャバシャ。下手にロールをかけてピックアップしようとすると、もうヒットしているのでした。

ボウズ覚悟のナイトゲーム

初めて出かけてから20年目、今まで一度も試していない種子島のナイトゲームを思い立ちました。それも常識はずれの満月の夜釣りです。

澄みきった離島の海を、こうこうと明るい満月の夜に狙ってみよう。一般常識でも私の経験則でも、ボウズ確実の無謀な挑戦です。しかしフライで海の魚を釣ること自体が40年前から常識外れだと言われ続けてきました。満月の夜釣りという非常識も壊せるかもしれません。

いよいよ〝探り〟開始

広い新港の岸壁を左からスタート。WFのタイプ6の17ヤードカットラインを25ヤードキャストと決めて、カウントゼロから30秒まで10秒刻みで4投して、横に30メートル移動。これを10回ほど繰り返しましたが、なんの反応もありません。

あと8ヤード距離を延ばしてカウントダウン60秒まで探ろうと、リールからランニングラインを引き出した時、ラインが噛んでリールが回らなくなりました。ヘッドライトが電池切れで点灯しません。

街灯の下に行って直してやっと戦線復帰。長いロスタイムを過ぎてもまだ午前2時です。キャストと移動を繰り返しましたが、表層から底までアタリはない。3時になって頭痛がしてきました。疲労感は甚だしいが、神経は高ぶっています。

日の出が6時なので、夜明け5時から攻めるつもりで、2時間横になって身体を休めよう。高速船待合所前のベンチに寝ました。汗に風があたり、体温を奪われて寒くて1時間半で目が覚めました。

ラインとフックサイズを変える

そろそろ上げ潮が押してくる時間なので、常夜灯の下にミノーがたまっていないかと旧港を歩き回りましたが、どこにもいません。ボラもイカも見えません。

江戸時代後期に築かれた石組の堤防にのぼり、出漁する漁船を眺めながら夜明けを待ちました。眠気どころじゃない、頭がジンジンしてきました。

もう一度、新港の岸壁を見に行きました。夜明けの魅力的な海です。

クリアのインターミディエイトラインに替えて、表層を #10 フックのストリーマーで探ってみました。なにもない。場所を変え、タイプ6の15ヤードカットにタイプ2のランニングで探ってみました。

やはりなにもありません。

サイドキャストで移動しながら

夜が明け、陽が昇りました。もう、この港の全てでキャストしました。これほど粘って投げたのに何もない釣りも珍しい。

半笑いしながら岸壁沿いにキャスト。腕時計を見ながら5秒、10秒刻みのカウントダウンはしません、およそ30秒、たぶん1分という感じ。

真下から浮きあがってきたストリーマーにギンガメアジの20センチぐらいのが2匹、スッと来てさっとUターンして去っていきました。疲れてメリハリのないリトリーブでは食わせるに至りませんでした。

直後、カタクチイワシの10センチ級が2、30匹泳いできました。上陸後、初めて見たミノーです。大物を諦めました。ティペットもフライもサイズダウンして、出っ張ったり引っ込んだりしている埠頭を、サイドキャストで移動しながら攻めることにしました。

打ちのめされても夢うつつ

釣り始めて9時間後の朝7時前、ギンガメアジがヒットしました。涙が出るほどうれしかった、と言うのは嘘です。

でもテンションが一気に上がりました。ギンガメアジの入れ食いの記憶を再現すべく、ポイントを変えました。昨夜真っ先に見に行った河口です。潮は満潮からの下げ、ヒラスズキのセイゴでもギンガメアジでもいいはずです。

距離28ヤード、橋脚の下2メートルの水面にオーバーヘッドからサイドキャストへの変化で叩き込みました。

1、2、3、リトリーブでヒット！ あれっ？ カマスでした。足元をカマスの群れが降りて行きます。下げの潮が流れだしましたが、セイゴとギンガメアジが降りてくる気配はありませんでした。

フライロッドをしまって町を歩きました。喫茶店に入り、打ちのめされて夢うつつの自分の顔を見ました。満月の夜釣りの入れ食いという非常識は破れませんでした。

次はどこで常識を壊そうか。

COLUMN

強く美しき、ホウセキキントキ

12月の寒い日、夜明けまで2時間半も前に着いてしまいました。することないのでキャストしました。満月が隠れて暗くなった途端、表層でカツン。コースを変えるとまたカツン、カツンと当たりました。

ロッド8番、STタイプ4のヘッドにインターミディエイトランニングライン、ショックティペット8号、フックは＃1／0のシステムです。

カウントタウン0秒で掛からないのならと、10秒でファストリトリーブしてみました。すぐに「ゴン！」と来た。ムムム、下へ突っ込む、8番ロッドを支えきれない！　慎重にランディングすると、思ったよりはるかに小さい、白い魚体です。

20匹を超えるころ、東の空が白んできました。もうへとへと。ボロボロになった白いストリーマーが水面でぎりぎり見える明るさになって、アタリが止まりました。

わくわくしながらクーラーを開けました。あれほど引きが強いから型もいいだろうと思っていたのに、せいぜい25㎝級のまっ赤な深海魚のような魚です。プロダイビングガイドの出羽真一氏から、標準和名ホウセキキントキだと教えてもらいました。

このホウセキキントキを、コンスタントにフライフィッシングで釣る挑戦が始まりました。まず釣り場を探さねばなりません。最初に釣った港と同緯度にあるいくつかの港をピックアップして、地形を考慮して出羽氏に選別してもらいました。

餌釣り師や漁師への聞きとり調査の後、10月に探りを始めました。夜明け前の暗闇に、表層近くをSTラインで探ってみました。堤防沿いにキャストしたら、あっさり釣れました。フライサイズは＃6。明るくなると釣れません。

12月はエビフライの超スロー、1月に入ってからは、チェーンボールアイ付きの＃6ストリーマーのスローで数を伸ばしました。2月には距離とカウントダウンを変え、リトリーブを途中で変化させて釣りました。3月にはマラブーマツーカ＃6を使い、リトリーブのスピードを微妙に上げて釣ることもできました。

結局それからの年は、12月から3月までの冬場は他の魚を捨てキントキ探りにかかりきりになりました。目の前でハガツオのナブラが起きるのにナブラには目もくれず、ひたすらカウントダウン60～140秒をしていたほどです。

まぐれで釣ってから10数年目にして、釣り場も釣り方も分かり、今はほぼ狙いどおりにホウセキキントキを釣ることができるようになりました。新しい魚種の確立には時間がかかります。探りに協力してくれた仲間に感謝です。

ホウセキキントキのポイントは、急峻な深い岩礁地帯に面し、護岸がゆるいスロープ状の基礎ではなく、垂直に近い基礎部分があるところ。なにより重要なのは、水深10ｍまでの水温の急変がない環境です。川の河口から離れているか、川の影響のある沿岸流から堤防で隔離されている場所が有望でしょう。

近畿から関東あたりでも季節を選べば、ホウセキキントキをおかっぱりで釣れるポイントがあるはずです。

25センチ級でも8番ロッドがのされそうな引き

VIII
魚種別・海フライの戦術

納得のいく釣りを組み立てるには、対象となる魚種ごとの特性を知っておくことが大切です。

対象魚の習性や食性を踏まえたフライフィッシング的なアプローチが、海でもとても有効です。

ここでは日本各地の海にいるポピュラーな魚種について、それぞれの性格と、それに合わせた戦術を紹介します。

Ⅷ - 1

カマス　数釣りできる釣りやすい魚

カマスのフライフィッシングは10数年前までは九州だけで行なわれていました。現在は九州、瀬戸内、紀伊半島、東海、伊豆・三浦、房総半島など日本の各地で楽しまれています。カマスがいなかったのではなく、カマスが身近にいることが知られていなかったのです。

目標は一日で三桁

日本近海のカマスの内、分布域が広く岸から釣りやすいのは、アカカマスとヤマトカマスです。夜行性ですが魚食性が強く、好奇心も強いので日中でも釣れます。エサ釣りやルアーよりも、フライフィッシングに向いています。カマスは海フライでもっとも簡単な魚のひとつです。カマスを数釣りしようと思うと、キャスト距離、カウントダウン、リトリーブ、フライパターン選択の組み合わせが、多種多様に必要です。ぜひカマスの数釣りを目指してください。目標は一日で三桁です。

どんな魚でも同じですが、そこにいてくれることが釣りにはもっとも大事です。ここでは私の地元の南九州でのカマスの季節ごとの移動を紹介します。各地域で多少のずれはあっても魚の習性は同じです。

伊豆半島あたりでもカマスは同じ動きをして、時期もひと月はずれていないことを確認しています。

春は若魚の数釣り

4月から5月、アカカマスが産卵準備で接岸を始めます。夜明けのひと時しか釣れません。接岸が確認されてから4週間ほどたつと、暗い雨の日は一日中釣れるようになります。

夜明け直後には表層でナブラをたてて、活発に小魚を追います。ラインとフライを30～50センチ沈めてリトリーブすれば簡単に釣れます。ナブラのない朝は0.5～3メートルのタナでヒットします。太陽が昇るとカマスは沈むか、日陰にたまります。

5月から7月は、唐揚げで美味しいヤマトカマスの若魚（ピンカマス）が釣れます。市場には流通しないので珍重されます。シーズン始めの10～16センチのピンカマスは餌でもルアーでも釣れませんが、フライなら簡単に100匹釣りできます。濁った日なら一日中釣れます。

7月になると25センチを超えて来て一旦岸から離れますが、大きい餌のいる別の場所にすぐ着くことがあります。そこでは9月まで居座る可能性があります。

ヤマトカマスは、晴れた日の日中に表層でも釣れるという能天気な就餌欲を持っています。釣り人の腕によってヒット数に大差がでる釣りです。カウントダウンとリトリーブの変化を学べます。

親の産卵時期によってずれますが、7月から9月にはアカカマスの若魚が釣れます。成長が早くすぐに移動するので、一カ所で釣れるのはひと月ぐらいですが、近くに翌月のポイントが見つかるはずです。

やはり夜明けにナブラを立てることがあ

アカカマス

りますが、ヤマトカマスと違い、カウントダウンにはシビアです。キャスト距離とカウントダウンの組み合わせでヒットするタナをキープしましょう。釣れている人にラインシステムも含めて合わせればいいのです。20センチ前後のサイズまでは単純なファストリトリーブで大丈夫です。

脂ののった秋カマス

9月から11月のアカカマスは30センチ弱ほどに成長しています。秋カマスと呼ばれ、脂がのって古くから餌釣り師に人気の魚です。潮によっては一日中釣れます。カマスの歯で切られてフライのストックがすぐに無くなります。

ピンカマスのポイントで釣れることもありますが、今までカマスがいなかったところに大群で殺到することもよくあります。クーラーボックス満タン、干物にさばく労力を考えると数十匹で止めたいのに、面白くてやめられない止まらない釣りです。

タナとリトリーブを合わせてやれば秋カマスは釣れ続けます。タイプ4のラインでカウントダウン3～5秒刻みで表層から探っていきます。20センチストロークの小刻みファストリトリーブから、60センチストロークを1秒に2回引くファストまで、少なくとも4パターンくらいはリトリーブを変えてやります。

フライはスタンダードの＃8、＃6、＃4。(P.74) ヒットが止まったり追い喰いしなくなったら、フライではなくカウントダウンを変えてフライを通過させるコースを変えましょう。ＳＴラインからＷＦラインへの交換も効果的です。

フライを呑まれる時はリトリーブを少し遅くし、逆に皮一枚のフッキングの時はリトリーブをファストにしてみましょう。

1万匹の群れでも、200匹くらいのグループに分かれて、表層近くに浮いたり、底近くに沈んだりしながら横移動しています。アタリが遠のいたらカウントダウンを浅くしてみるのもよいでしょう。群れの中にラインを通すと魚は脅えます。群れの動きを読んで、ラインで群れを散らさなければ数釣りができます。

11～12月、本来なら沖の深場へ移動しているはずのアカカマスの30センチオーバーが、港の中にいることがあります。水温が港の外と内で違うとき、居残り組がでます。餌も豊富な港にとどまるので、ぬくぬくと肥え太って大型魚から追われるまで居座ります。穏やかな晴天の日中に水温が上がると食いがたちます。

身近なカマスを探ってください

カマスの動きは毎年少しずつずれますし、全ての地域で同じではないでしょう。それでもカマスの習性を頭に入れて身近な海を探り、何カ所かのカマスポイントを開拓しておけば、一年のうち半年近くはカマスだけで遊べます。餌釣り師に「カマスはまだか？」と聞かれるフライフィッシャーが全国に増えることを祈ります。

Ⅷ - 2

セイゴ(フッコ、スズキ)　好奇心おう盛、ライズの釣りが楽しい

スズキには年齢とサイズによりセイゴ、フッコ、スズキと3種類の呼び名があります。呼び分けは地方によって、個人によってバラバラです。マルスズキ、ヒラスズキの2種類がいます。マルとヒラは習性も性格も違います。年齢によって性格はがらりと変わります。ひとからげで〈シーバス〉と呼んだら話が進みません。

分布は日本各地。餌は多種多様にわたりますが悪食というわけではありません。食い方が下手で、目の前の食えるものを好き嫌いなくそれでもやっとの思いで食っている感じです。スズキにまで成長しても性格は小心者で食い方は下手です。

セイゴ

好奇心が警戒心に勝るので簡単に釣れる魚のひとつです。セイゴのポイントは身近にあります。そして群れています。一度いいポイントを見つけると、毎年暦どおりに群れが来ます。とても素直な魚です。

冬に生まれた新一年生は翌年の夏から秋になると、なんでも口に入れます。夜行性の習性がまだ強くなく、日中でも釣りやすい。セイゴは障害物にもつきますが、障害物を狙うと数が出ません。私たちは河口で釣ります。リトリーブは小刻みファストで簡単だし、フライも「白の #10」で大丈夫です。

あえてセイゴには強すぎる6番ロッドでかけて、ばらす率を低くする練習をしてみてください。50 匹かけてばらし率4割以下になるようにロッドワーク（ロッドの角度、テンション）の練習をしてください。楽しいです。セイゴ級のマルとヒラは混棲していることがあります。このサイズなら性格は同じ。体高の違いだけです。

セイゴ釣りのリトリーブ

潮や川の流れがあるポイントなら、以下の3パターンを試してください。①アップクロスにキャスト、ラインをゆっくり張りながらドリフト、下流でフライをターンさせたら、10 ～ 25 センチの小刻みストップ&リトリーブ。②クロスにキャスト、小刻みファストで流れに構わずリトリーブ。③ダウンクロスにキャスト、ロッドティップを挙げて、超スローリトリーブ。どれかで当たります。

夜釣りでライトの下を釣るときは、灯りの弱い方を下流にして立ちます。走光性の餌を狙うセイゴは暗い場所に潜んでいます。食い損ねた時に警戒させることなく追い食いさせたいのです。フライラインの影でもポイントを荒らしてしまいます。

ライズがあるとき、餌生物そっくりのフライを持っていなくても大丈夫です。白のストリーマーのサイズ、流し方、タナの3センチ単位の変化、リトリーブパターンの変化で、食っている餌に似ていなくてもアタックしてきます。逆にフライパターンだけに頼ると、最も難しい釣りになります。

フッコ

セイゴ（マルスズキの幼魚）

セイゴより警戒心は高いですがスイッチが入ると興奮して冷めにくい。マルフッコは灯りの影や濁りに身を隠します。ヒラフッコはサラシや岩陰に潜むようになり、回遊時以外は単独かペアに近くなります。マルフッコの方がポイントも多岐にわたり釣りやすいでしょう。

一度釣れたポイントで潮、風向き、濁りなどの自然条件がほぼ同じなら、以降は狙って釣れます。餌にフライサイズを合わせる必要はありません。

ちょっと場所を変えたり間を空けた次の1投目によく反応しますが、食い方が下手でフッキングミスは多くなります。特に水面のフライに派手に出てもかからないことが多いのです。そんな時、ライン合わせを一瞬送らせて、手にフッコの首振りが伝わらなければ、次のリトリーブをちょっと変化させるともう一度アタックしてきます。

セイゴは大量にいますがフッコになるまでの生存率は低いのです。それだけに、活性が低いときのフッコはかすかな好奇心でフライについてくるだけです。スイッチが入る条件とポイントを探しましょう。

大型のスズキ

マルスズキの大型メータークラスは、フッコの延長上にあります。数も少ないために釣るための条件はシビアです。ヒラスズキの大型は、細かいデータの集積があれば狙える魚です。

磯のサラシのヒラスズキは、そこに魚がいれば釣れます。ただし、いつ、どこのスリット（割れ目、段差）にいるかを探り当てるまでは涙のボウズが続きます。したがってヒラスズキのデータがない状態ではランガンという数打てば当たる方式になります。

ヒラスズキは泳ぎが下手だから、待ち伏せ攻撃しかできません。だからエサを襲いやすく、自分も隠れやすいサラシだけにつきます。そこを見つけましょう。干潮から満潮まで、ずっと同じ磯場を見ていれば、その内分かるようになります。

どの潮のどの時間に、どの岩場の脇をどれだけ沈めて引く、そこまで分かってしまえば、磯のヒラスズキは難しい釣りではありません。

フライパターンもあまり関係ありません。ルアーはスレるから一発勝負だけど、フライならタイミングよく投げれば、喰い損ねても何回かは出ます。ヒラスズキはサラシを釣れともいいますが、サラシと濁りと闇夜は同じ条件であることを忘れないでください。

秋のアカカマス釣りの最中に、釣った20センチ級のカマスに襲いかかってくるスズキがいます。マルスズキは食いきれず吐き出しますが、ヒラスズキは走ってジャンプしてくれます。小さめのアカカマスを飲み込んだヒラスズキはランディングできます。セイゴとフッコの数釣りをこなした人は、スズキ級もカマス用の6番ロッドであしらえるはずです。

Ⅷ - 3

ギンガメアジ、ロウニンアジ 生息域を広げるファイター

日本近海には40種類以上のヒラアジ類がいて生態は様々です。それらをメッキの総称でくくると、魚種ごとへのフライフィッシング的なアプローチができません。

性格はこんなに違う

ギンガメアジとロウニンアジは全く性格が違います。双方とも幼魚のうちは夜行性ではありません。水温と潮の条件により日中のほうがフライで釣りやすい魚です。

ギンガメアジは40センチ級になっても集団心理に陥りやすい直情径行型の釣りやすい魚です。

中層でじっとしている状態でも表層近くを超ファストリトリーブすると5、6匹、時には50匹もワーッと浮いてきて、一匹ヒットするともっと興奮して浮いてきます。そうなったら入れ食いです。

フライを底まで沈めると魚の興奮が冷めるので、水面から1メートル以内の表層で釣り続けるのがいいでしょう。

ロウニンアジはギンガメよりおとなしい魚です。中下層にいることが多く、徒党を組みません。ヒットしても仲間はついてきません。

ストリーマーとポッパー

ギンガメアジもロウニンアジも基本は#4～#8のストリーマーです。

ただしビッグフライ=ビッグフィッシュではありません。アミを食っているギンガメアジは「白の#10」で釣ることができます。(P.80)

ロウニンアジはライズやナブラをあまり起こしません。表層から始めて、底まで探っていきます。ベタ底を引くときはエビフライ(P.81)を使うこともあります。陰気な超スローリトリーブです。

ヒラアジのようなアタックスピードの速い魚がストリーマーについては来るがUターンするときは、ロングストロークのリトリーブで対応します(P.70)。

ポッパーでのトップウォーターの釣りもおすすめです。うすい波紋が広がるようにストップなしで25センチくらいのストロークでリトリーブします。

アタックしてきたらすかさず60センチくらいのストロークを1、2回入れます。魚もアタックしやすいし、同時にアワセにもなります。フライは分離型ポッパーが便利です。(P.71)

ファイトと対処法

同じサイズならロウニンアジの方が引きます。30センチを超えたロウニンは6番ロッドをバットから絞り込みます。ギンガメアジは小気味いい引きです。

20センチ以下のギンガメ、ロウニンには4番ロッドが面白いものです。4番ロッドに4Xなら、20センチ弱のロウニンでも10番で50センチのロウニンをかけた時のようなスリルを味わえます。

ギンガメとロウニンではロウニンの方が走る距離は長いのですが、40センチ以下

ギンガメアジ

のロウニンはドラグがフリーでも一度に10メートル以上は走りません。テンションをかければ下へ突っ込みますが緩めてやれば止まります。

ＧＴと呼ばれるサイズのロウニンも、テンションをかけすぎなければ100～200メートルをただまっすぐ走るだけです。

ヒラアジはジャンプしないし、自分から障害物に突っ込む魚ではないことを覚えておきましょう。

どこにいるか

ギンガメアジの幼魚は川を遡ります。汽水域を越えて中流まで遡るのもいます。河口域の広い範囲で、潮の上げ下げどちらも狙えます。

ロウニンアジの幼魚は汽水域より上流には遡りません。河口付近では上げ潮でも下げ潮でも中層から下でヒットします。

ロウニンアジの方がギンガメアジより水温低下には強い魚です。ギンガメ、ロウニンよりさらに水温が下がると出てくるのがカスミアジです。ブルーの色が際立つ美しい魚です。ヒット層はロウニンと同じかもっと深くなります。

シーズンは夏至を過ぎて海水温がピークになる頃に稚魚が現れ、水温のピークを過ぎてから６番ロッドで面白いサイズになります。

水温が急激に下がらない場所では年明けの１月いっぱいロウニン、カスミが釣れます。海岸沿いの温泉地の排水口はねらい目です。

小さな河口や港の出入り口、排水口など、ふだん気にとめない場所を探ってみてください。ロウニンアジほか、中低層を好むヒラアジ類がいるかもしれません。

蛇足ですが、鹿児島県川内原発の排水口は昔から大型のロウニンアジが集まることで有名です。原発に対して確固たる信念を持っている私は絶対に行きません。

これからどうなる

私の地元では10数年前までギンガメアジの25センチ級を半日で100匹単位で釣るのは珍しくありませんでした。冬を越した40センチ近いロウニンアジは３月末から釣れ始めました。

しかし近年、メッキはメッキリ釣れなくなりました。最近は今まであまりいなかった10キロ級のロウニンアジが、地磯で出るようになりました。これも温暖化の影響でしょうか。

今は四国、紀伊半島、伊豆半島、房総半島で盛んに釣れています。これからどうなるか分かりませんが、もっと広い地域でも釣れるようになるかもしれません。

ヒラアジ類は美味しい魚です。以前、釣ったギンガメ、ロウニン、カスミを漁師にプレゼントしたことがあります。見事にギンガメだけを取り、ロウニンとカスミは私のクーラーに戻してくれました。やはりプロは味を知っています。

Ⅷ - 4

回遊性の青物（イナダ、サバ、ソーダカツオなど）　海のスプリンター

イナダ（ハマチ）、ブリ、ソーダカツオ、サバ、サゴシ（サワラ）、ハガツオ、シイラ、ヒラマサなど、青物と呼ばれる海のスプリンターをフライフィッシングで釣るのは最高に楽しいものです。

釣り番組ではこれらの魚を船からのジギングやトップウォーターで釣っていますが、岸からのフライフィッシングでも日常的に狙える魚たちです。

そのためには、通り一遍の釣り情報に惑わされないことです。大遠投のルアーや遠投サビキの人がいない、空いているポイントを選んでください。魚が回ってきてさえくれれば、堤防から30ヤード以内のフライキャスティングでスプリンターと遊べます。

基本は太軸で大型のストリーマーの表層ファストリトリーブです。ヒットの鍵になるのは多くの場合でフライパターンよりも、ポイントの選択とリトリーブです。（P.54、P.119）

一瞬で切っていくスピード

青物のフライフィッシングの最大の特徴は、フッキング後のやりとりの難しさと楽しさです。

青物は巡航スピードもアタックスピードも速い。その引きはスズキの重い引きとはまったく違います。1キログラム級の小物でもスピードある引きを見せるので、予想以上のショックがフライライン、ロッド、リールにかかります。大方の初心者は青物のスピードにパニックになって、なすすべもなく一瞬で切られます。

初速が最も速いのはシイラです。トップスピードの持続力がもっともへたりやすいのはサゴシで、40メートルほどで止まります。ブリは100メートル以上も走り続けます。

流れのない水中で定位できる魚は、エラブタを開閉して口から新鮮な海水を取り入れます。エラブタを開閉できない青物の魚は、泳ぎ続けることで口から海水を取り入れます。一生泳ぎ続けます。言い換えれば泳ぎを止めると溺れるのです。

コツは「走らせるだけ」

青物とのファイト＝やりとりを楽しみましょう。フッキング後に走りだした青物を止めようと思わないでください。

最初に走るだけ走らせるのが青物との「やりとり」の「やり」です。

走らせずに強いタックルで無理に魚を止めると、スプリンターも下へ突っ込みます。型が大きい場合、ロッドを立てきれないと、もっと下へ突っ込んで根ズレで切られます。

とにかく、ただ走らせるだけ。

フッキングと同時に手元のラインがすごいスピードで出て行きます。リールのドラグテンションがラインにかかると、ショックでティペットやノットの弱いところが簡単に切れます。

リールのドラグは、必ずゆるゆるにして

イナダ（ブリの幼魚）

おきましょう。絡まないようにラインを処置しておくことは言うまでもありません。

フライラインのドラグを使う

魚のなすがままに走らせていると、おそらく30秒から1分ぐらいで、人間の方が冷静になれます。慌てず、魚とラインの方向を見ましょう。

はるか彼方へ走っているように見えるでしょう。一直線に走らずラインがカーブしていたら、何もせずロッドを下向きにして、ラインをなるべく水面近くへ持ってきます。ラインの水との抵抗を利用して魚にテンションを与えるのです。ラインによるドラグと言います。

シンキングラインの場合、何十メートルものラインが水中でカーブし始めた時点で、魚にはラインテンションが相当にかかっています。もし可能ならジグザグに走るように魚をコントロールできればさらにいいのですが、高等テクニックです。

だんだんと魚のスピードが落ちてきて、最後にカクンと止まりかけます。そこでリールのドラグをほんの一段締めて、ロッドを60度ぐらいに立てて様子をみます。

魚によっては怒って、もう一度走りますが、すぐに止まります。いつでもまた走らせることができる心構えで、ポンピングしながらリールを巻き取ります。(P.40)

あえて非力なタックルで楽しむ

ある日の6キログラム級のブリは、最初に150メートル走って止まり、80メートルまで寄せたとき口から新たに入った海水で元気になって20メートル戻しました。また100メートル寄せてきて、手前まで来た時、ブリはもう一度走ろうと沖を向きましたが、果たせずガクンと腹を上にしてひっくり返りました。この時､最後までリールのドラグはほぼフリーでした。

別の日、1.3キログラム級のスマカツオを6番ロッドでかけた時は、最初に4、50メートルを突っ走りました。止まるまでただ走らせた後で、様子を見ながら寄せてくると、そのまま左右にギラギラしながら寄ってきました。この時のリールは渓流用のクリックリールでした。

太いフライラインとバッキングラインを水中抵抗として使い、ギヤ比1対1のフライリールでゆっくり巻き取る。これが非力なフライタックルでの楽しいやりとりです。

青物の特徴を理解して、フライタックルの特性をうまく活かせば、6～8番ロッドでティペット0X以下のタックルでも2、3キログラム級の青物とやりとりしてランディングまで持ち込めます。

遠投ルアーや遠投サビキは沖のナブラをさらに追い出すので、フライキャスティングで届く距離に魚が来なくなります。

せっかく近くのナブラでも、ルアー爆弾がドボンと落ちると一瞬で消え去ります。彼らのいないポイントを探しましょう。

Ⅷ - 5

マアジ、マルアジ　腕の差が出る人気魚種

釣って楽しい、よく引いて食べて美味しい。そして釣り人の腕の差がでる海フライの人気魚種です。

近年はルアーでのアジ釣りが全国的に流行しています。ルアーでは1グラム以下のジグヘッドに小さなワームをつけてキャストする釣りが主流です。フライフィッシングでのアジ釣りは、キャスト距離もタナどりも、フライパターンの選択の自由度でも、ルアーよりはるかに合理的で有利です。数も釣れます。

マアジ

マアジはサイズを気にしなければ一年中釣れます。20センチ以下の小さな豆アジは、3番や4番ロッドでも面白く釣れます。20センチ以上の中アジは、積極果敢なミノーイーターになります。

マアジは中アジ・大アジのサイズになると表層にはなかなかでてきません。中層にいるアジの群れをピンポイントで狙えるのがフライフィッシングの強みです。

餌生物に似せたフライ、あるいは興奮させるアトラクターフライを、任意のタナで遅く動かしたり、速く引いたり、止めたり、漂わせたり、沈下させたりします。

各種のシンキングラインを使い分けて、アジの反応を探りましょう。(P.44)

その日の状況に応じて、キャスト距離、ラインシステム、水中でのラインの形状、フライパターン、リトリーブスピード、リトリーブのストロークの、もっとも有効な組み合わせがあるはずです。

数尾釣れただけで後が続かなくなった時は、キャスト距離、ラインシステム、カウントダウン、リトリーブを変えてみましょう。フライパターンの交換だけに気をとられると、数が大量にいて警戒心の薄い豆アジサイズしか釣れません。

たとえば堤防からのキャストの場合、18ヤードのWFタイプ6を30ヤードから20ヤードまで2ヤード刻み。その度に、カウントダウンを20秒から50秒まで5秒刻み。この2つの要件だけで42通りの探りになります。さらにキャストする方向を変えてもいいでしょう。

フライとリトリーブの組み合わせのヒットパターンは刻々と変わります。2月のとある堤防では、全長4センチの大型フライを16フィートのリーダーにつないでロングキャストし、ストップなしの速いリトリーブでよく釣れました。しかし翌日の朝は大型フライには反応がなく、「白の #10」を小刻みにスロー&ストップするリトリーブが入れ食いでした。

アタリがあった時は、リトリーブをどの位置で止めた時にアジが引ったくったか、フライのタナはどこか、ラインとリーダーのたるみはどの程度で、フライは本当に停止していたのかという事項をイメージして、次のキャストでも再現してみましょう。

マルアジ(アオアジ)

マアジよりも太くて丸い。尾ビレの根元

マアジ

マルアジ

にマアジにはない一対の小さな副びれがあることで見分けられます。マアジより引きが強く、特に寄せた後の下への突っ込みにファンが多い魚です。

私が釣ったマルアジのサイズは最大で38センチ。33センチ以上は産卵前の6、7月に出ます。このサイズになると4番ロッドではやりとりに時間がかかります。6番ロッドで手早く上げて次のキャストで連続ヒットを狙うか、4番ロッドで魚とのやりとりを遊ぶか、悩ましいところです。

マルアジは、朝方よくナブラを立てて5ミリ～7センチのミノーを食いあげます。フライ交換をして、ナブラへダッシュして素早く完璧にキャスト、落ち着いてリトリーブ。この忙しいライズ・フィッシングがなんとも海フライらしく、これまた腕の差がはっきり出る魚です。

青物のナブラの移動スピードにはダッシュをしても間に合いませんが、マルアジの移動スピードは遅くて、釣り人がナブラを見つけてから走っても間に合うことがよくあります。ラインを出したまま激走してもラインがこぼれず、絡まないラインバスケットが必要です。

各地の漁協の巻き網情報を調べればマルアジの漁獲の有無がわかります。マルアジが獲れていれば、岸沿いでナブラを立てるポイントが必ずあるはずです。

私たちの地元のマルアジ・ポイントも仲間のフライフィッシャーの日々の探りで見つけたものです。

20センチ級のマアジ。スローで引くとかかりが浅く口切れしやすい。ファストなら呑まれる。食わせ方は淡水の釣りとはまるで逆である

堤防からのマルアジ釣り。現在の分布域はマアジより広くないがおそらく全国へ広がっていく。ナブラの釣りは楽しい

大型マアジを釣ったそれぞれの実績フライ。上2段はスロー&ストップのリトリーブ向き、下2本は速いスピード向きのボリュームのあるパターン。#8～#12

Ⅷ - 6

シイラ　連続ジャンプする陽気もの

世界中に分布している一属二種のシイラは、世界中で同じように釣れるはずです。ハワイで有名なマヒマヒは日本のシイラと同種です。

日本では黒潮の帯の縁に多くいます。対馬暖流に乗って北上したシイラは、以前は能登半島沖でお盆にＵターンしていましたが、近頃はもっと北上して津軽海峡まで行く個体もいます。南九州では何年かに一度、秋から冬にかけて戻りシイラが接岸します。

個人的におかっぱりのシイラ釣りが海フライで一番好きです。

シイラは興奮しやすい魚です。釣りやすさ、釣り続けやすさ、パワーとスピード、イルカのように連続ジャンプさせることもできる楽しさは、他の魚の追随を許しません。特に自分が開拓した冬の堤防シイラは数年に一度しかチャンスがなくても待ち遠しい釣りです。

船からのシイラ

一般的なシイラのフライフィッシングは、船からの釣りでしょう。生きたイワシを撒き餌として投入し、船から散水してシイラを足止めします。船べりからキャスティングなしで叩き釣りをすれば、誰にでも簡単に釣れます。

以前、仲間で船を仕立てた時は、撒き餌も散水もなしで、外洋でパヤオなどのシイラ漬けポイントを巡り、途中でトリヤマを見つければ船で追いかけ、潮目で魚を探して投げるという釣りをしました。

シイラはスレきっていて、22ヤード以内に近づくとフライを見切ります。外海のウネリの中でタイミングよく11番ラインを30ヤード以上シュートする必要がありました。

フライはテール付のマラブーハックル・ストリーマー。ハックルのマラブーは白、ピンク、チャートリュースの３色。テールとウイングのゴートヘアは白とオレンジの２色。全色でヒットしました。フックはTMC8089Nの＃６。このフックを使用した理由はとにかく細軸だから。

リトリーブは着水後のワンストロークでかけるのがベストです。120センチのロングのファストでヒットしなければ、途中で60センチの超ファストに切り替えると、興奮したシイラが飛び出てきてフライをくわえました。（P.56、P.60）　パヤオで沈んでいるシイラを見つけたので、試しにタイプ４のＳＴヘッドを60～120秒沈めてみたところ、見事にシイラはラインを避けて泳いで行きました。

その日は６人で60匹以上のメーターサイズ、10キログラム級の大型シイラを釣り、それはそれで満足しました。が、やりとりに関しては足を踏ん張った綱引きが長いだけで、面白いとは言えませんでした。

12番ロッドで船から釣るメーター級のシイラより、６番ロッドで陸から釣る半分以下のサイズのシイラの方が楽しめます。シイラは小さくても、岸からの釣りで走ら

せて、飛ばしてこそ面白いと思っています。

堤防からのシイラ

堤防からのシイラ釣りは、活き餌も散水もティーザーも使いません。まず一匹、ルアーでもフライでも構わないので、遠くでヒットさせます。その魚を寄せてきて、わざと飛ばします。すると興奮した近郷近在のシイラが集まってきます。それをみんなで次から次へと釣って、足止めして、堤防周りに釣り堀をつくるのです。

昔、「ハリがかりしたシイラが体色を黄色く変化させるのは警戒信号だから、素早く上げなければ他の魚が散る。」と言われましたが、そんなことはありません。

黄色はギブアップのサインです。ですから色が変化するまではジャンプさせて、仲間のシイラを興奮させます。足元まで寄って来た興奮したシイラは、初心者でもすぐヒットさせられます。

フッキングしたシイラを、意図的にジャンプさせられる技術を身につけましょう。ロングキャストと正確なターンオーバー、フライスピードを最大にするリトリーブ、シイラを走らせるときのラインの抵抗とリールのドラグ強度、ロッドの向きなど、すべてやりとりの数をこなしてこそ得られるテクニックです。

深いタナでフッキング後に強いテンションをかけると、底へ突っ込む。浅いタナでテンションをかけなければ、表層を走る。この習性はシイラだけでなくほとんどの青物に共通しています。

堤防からのシイラ釣りの動画。強風下の堤防で55センチ級のシイラを6番ロッドで釣っている。淡々と感動もなく釣っているように見えるのは40数匹を入れ食いさせたあとの一匹だから。クリックリール、バーブレスフック使用。Youtube「ちゅうまんの夢屋 YUMEYA」

COLUMN

フライでキス

シロギス、アオギスは底性の小動物ならなんでも食いつく魚です。大潮の干潮で潮が引いた砂洲の間の浅いカケアガリに、キスの群れがいることがあります。人影にも逃げません。そんなキスはサイトフィッシングが可能です。ゴカイでなくても動いてさえいれば食いついてきます。

1㎝以上のエビ、カニ、小魚のフライパターンを使います。フックはドライフライ用の細軸で#14～#10。底から離れた水中に長くとどめるか、きわめてゆっくり落下させたいためです。

タックルは渓流用のロッドにフローティングラインです。フライが底から数センチの付近を動いているように操作したいので、リーダーは水深の1.5倍を目安にしてください。

最も重要なのがオモリです。3番ラインだと、カミツブシの小以下でないとキャストしにくい。水深が3m以上あるときは、6番ラインでキャストすれば、重いオモリを使えます。流れが速いところでは、キャストできるぎりぎりまで重くしてください。オモリの位置はフライから30㎝上に打ちます。

立ちこむか低い砂洲に立って目の前のカケアガリを釣ります。なるべく浅くなる潮の時間と場所を探しましょう。流れがあれば、クロスストリームキャストします。流れに任せてダウンで張り切るまでじっとしているか、ロッドティップを5～10㎝上げ下げして誘います。

なるべく浅くなる潮と場所を探す

流れがない場所ではっきりしたカケアガリがあれば、カケアガリに対して斜め45度にキャストします。ロッドは上げ下げしません。10～20㎝リトリーブをしたら2、3秒ストップします。

流れもはっきりしたカケアガリもなければ、ロッドを水平に構えて、20㎝刻みで2秒ずつ止めながら、垂直まで移動してみましょう。ラインの糸ふけだけをとります。

アタリは強烈です。フローティングラインの先がびっくりするほど引きこまれます。3番ラインだと50㎝近く引かれます。これが面白いのです。キスのフライフィッシングは、最初はインジケーターで釣りました。次にフローティングラインを長いインジケーターに見立てました。フライパターンで悩んだのは最後です。

流れのある河口でのウェットフライ風の海フライを紹介します。タイプ4以上のSTを使います。フライが浮き上がらないようにオモリをつけるか、ウェイテッド・ストリーマーにします。

STラインを底まで沈めるために、アップクロスでキャストします。沈まなければラインを追い越すぐらいに自分が移動してラインを沈めます。

ラインとストリーマーが流れきり、張って浮き上がる寸前までがキス釣りです。外道でヒラメやコチ。途中でロッドを動かしたり、ラインをもう一度送ったりしても面白いです。下流にピンと張ったラインを小刻みにリトリーブすると、セイゴがきます。

近ごろ流行の短いシューティングヘッド・ショートは、この釣りにぴったりです。

淡水のフライフィッシングは釣り方も考え方も、どんどん進歩しています。少し前まで邪道だと言われた海フライも、実は昔からの淡水のフライフィッシングの試行錯誤の上に成り立って釣りの幅を広げ、発展しています。

Ⅸ
知らない海へ！

　初めてフライロッドを振る知らない土地の海では、見たことのない魚種や、意外な大物との出会いがあるかもしれません。
　情報のない場所や、リゾート地など離島の海でフライフィッシングを楽しみたいとき、用意するタックルとポイントの選び方、釣り方を解説します。
　きっと忘れられない一匹になることでしょう。

interview

知らない海へ!

ついでの海フライがあっていい

— 海フライをする人が近年は少しずつ増えています。国内外を問わず、旅行や仕事などで知らない海辺へ行ったときに、とりあえずフライタックルを持ち込んでみたという話をよく聞きます。

海は湖や渓流釣りとちがって禁漁期がありません。遊漁料もいりません。ルールとマナーを守れば、行った先で気軽に釣りができます。

海フライでよい結果を出すのには、日ごろのデータの積み重ねが大切です。でもたまの休日に、しかも限られたわずかな時間しか釣りができない釣り人がほとんどでしょう。

そこでたとえば、家族旅行などのレジャーで行く観光地、リゾート地の島などへ出かけた時、ちょっとした時間に初めての海でフライフィッシングを楽しみたいときの、成功するコツのようなものはありますでしょうか。

どんな釣りでも慣れていない釣りをすると、どつぼにはまります。

ふだんは渓流の魚を相手にしている釣り人が、いきなり海のおかっぱりでフライフィッシングをしても大変でしょう。それに6番以上の高番手の道具に慣れていないと、釣り以前の問題で釣りになりません。

情報のない土地の海でも、リゾート地の島でも、初めて探る時の釣りの要領は一緒です。

知らない海には、知らない海ならではの難しさがあります。その分、ルーティンの釣りでは味わえない大きな喜びがあります。ぜひ挑戦してみてください。

堤防の先端にこだわらない

大きな港の長い堤防の先端は最有力のポイントです。だからつい先端でやりたくなる。でも潮通しがわるいとき、水深が深すぎる堤防先端はよくない。それに先端には必ずエサ釣り師がいます。

だったら逆に、大きな港は捨てて、となりの小さな港へ入りましょう。他人にまどわされずにゆったり釣れます。

小さな港ならタイプ3かタイプ4の使い慣れたシンキングラインでも、なんとか釣りになります。

海では、フローティングラインはとても使いづらいラインです。ちょっと前までは海フライと言えば、広い砂浜でシューティングヘッドのフローティングラインを振り回すものだという固定観念のフライマンも多かったようですね。

砂浜から投げるんだったら、近くの堤防を100メートル歩いて横へ投げた方がいい。フライキャスティングでは砂浜から100メートル投げられません。

たった30メートルでいいから堤防を歩いて横へ投げれば、サーフからは攻められない場所を引けます。

ナブラやトリヤマは期待できるか

大きな港ではフライフィッシングは不可能な風が吹くこともしばしばです。港の内側、船だまりの中、大きな港のとなりの漁港の出入り口などは、風の影響を受けづらいものです。

— 車でポイントを探し回るのは。

かまわないけど、それをやるとたいていドライブ観光になる。最初の二つ三つのポイントはとてもよく感じます。でもそれが14、15個めのポイントとなると、車の中からチラッと見て「ふうん」と言っただけで通過する羽目になる。

— 経験あります。

でしょう。初めて行く渓流と同じことです。川に入って最初はていねいに釣るけれど、100メートルも行かない内にいいかげんになる。ちなみに海フライで皆さんが期待するナブラとか、トリヤマ、ボイルなんていうものは、実際はめったに起きません。

ナブラやトリヤマを期待して待っていても、海は広いな大きいな、どこに魚がいるのやらで一日が終わります。港を自分の足で歩いて、「今どこに餌になる小魚がいるか」「今どこの潮が流れているか」「今なぜ餌釣り師があそこにいるのか」の観察から始めましょう。

— 潮の流れは日によって違いますか。

そりゃあなた、毎日釣りに行ってるわたしだってよう分からん。

底の見えない深場を探せ

外海につながっている灯台回り、港の内側の船だまり、古い岸壁、船のバースなど、港の中を自分の足で歩いて回れば、小魚がいるところ、いないところ、底が見えるところが分かってきます。

サーフやリーフの中は意外と成果が少ない

interview

知らない海へ！

透明度20メートルは南の島ではふつうです。足元10メートルの先が見えていても、その先が藍色になって見えなくなって落ち込んでいるポイントで、表層にベイトになる雑魚がいる場所を探しましょう。

カウントダウンを外しても、深場にいる魚は人間を見破りません。そして表層のフライに出てきます。磯場や砂浜ではなくて、足場のいい堤防、岸壁で釣りましょう。

島の海フライでは、海底にそれなりに変化が着いていれば、表層をいいかげんにリトリーブしたフライでも、やる気のある魚は一発で出てきます。

魚によっては20、30メートル離れたところにいても、フライを認識した瞬間にフライへ飛びついてきます。この感覚は、海フライを経験していないと分かりづらいかもしれません。

海フライでは、魚の目の前を通さないと食わない、ということはありません。水深が深くても中層で食わせられます。逆に深くないのに底へ沈めても釣れません。

サムオントップでカンパチの引きに耐える

基本は、タイプ4以上のシンキングラインを使って、中層をストリーマーでトレースする釣りです。フライの層が水面に近かろうが底に近かろうが、やる気のある魚がいれば必ず一発で反応します。

ひとつのポイントで粘るべきか

— フライに反応した魚が直前でUターン。どうすればいいでしょう。

同じアプローチでもう一度同じ魚が出てくる可能性は低い。10メートル離れた所から魚が出てきたと思えば、横に10メートル移動しましょう。30メートル以上をぶっ飛んできたと思えば、30メートル以上横に移動します。

粘って意味があるのは、そこに魚がたまっていて、潮が当たっていて、小魚が集まっていて、ナブラがしょっちゅう起きる場所だけです。でも旅行者にはどこがたまっている場所なのか分からない。

大きな島なら魚がたまる場所には地元の餌釣り師が常に入っていますし。

旅行者として知らない海へ行ったときに、撒き餌のような人為的な要因で寄っている魚をフライで狙うのは無理です。撒き餌にあわせたフライを使っても釣れません。撒き餌に影響されない回遊性の魚を狙いましょう。そして他の人が狙っていない場所で釣りましょう。

人が狙っていない場所でフライを引くと、やる気のある魚は一発で食ってきます。

回遊魚と根魚と

回遊性の魚は、ハマチ、カンパチ、ホンカツオ、ソーダカツオ、スマカツオ、ツムブリなどの青物。ギンガメアジ、カスミアジ、ロウニンアジなどヒラアジの類いは20、30種類います。奄美から南の島へ行けば、ヒラアジ類はかなり期待できます。

マアジは大きい回遊はするけど、根があったり、潮があたる場所に少しとどまる。そういうときに数が出ます。

サバは回遊魚です。タチウオは垂直移動で、回遊性は低い。メバルもそれほど移動しない。カサゴやホウセキキントキは根魚に近い。

— 水中の根は探せますか。

水中にある根の位置は上からはまず分かりません。わたしはフライラインを切って根の場所を覚えます。淡水の釣りではリーダーやティペットを切るのが普通ですが、海フライではフライラインを根掛かりで切るのはよくあることです。

たまの休みの釣りなら、根掛かりの心配のない深場を狙った方がいいでしょう。

大きな船の着く岸壁は水深20メートルは掘ってありますが、障害物がない。古い石積みの港で大きめの漁船が停泊していれば水深は6メートル以上あります。小さめの漁船の停泊所でも水深3、4メートルはある。そういうところの方がかえって魚は着きます。

潮に乗って港の中へ小魚が入っていても、小さな群れでまとまっているなら意味がありません。岸壁に沿って張りついていたり、右往左往していたり、中層に固まっている、落ち着きのない小魚の群れを探しましょう。その近くにはストリーマーで狙える大きな魚がいます。

水深がある場所で表層から中層を引いてみて、一発、二発で魚の反応を見る。

これが基本です。

クライマックスは突然に

小さな港の堤防の内外を探ったとしても、小一時間で終わります。魚から反応がなければ飽きます。エサになる小魚もいない、潮も動かない、フライを引いても何も追いかけてこない、そういう状況なら釣りはやめましょう。

interview

知らない海へ！

回遊魚との交通事故を狙って投げつづけると、逆に回遊魚は来ません。

魚は人間やフライよりも、フライラインに怯えます。30ヤード以上のフライラインは、大型のフライよりずっと目立つし、ノイズを発生させます。だから投げずにボーッとしていましょう。

— 渓流のライズ待ちみたいなものですか。

私は魚っけがなくても背中の後ろまでレーダーを張っていますが、ふつうは無理です。道具を堤防の上において、昼寝しましょう。

満潮と干潮の真ん中の3時間以内になにか変化が起こるはずです。だけど投げ続けていると、起こるはずの変化も起きません。その3時間でだめなら次の3時間を待ちましょう。

まぐれの根魚でいいから一匹釣りたい、という人がほとんどでしょうけれども、いい潮のいい時合いになれば、根魚だってばんばん釣れます。

逆に時合いがくるまで根魚狙いの釣りをしながら待っていると、突然やってくる素晴らしいタイミングの一発勝負を逃してしまいます。

とはいえ、海とにらめっこしながら30分キャストしないのは不可能です。30分か1時間に1、2投するつもりで、他の遊びをしていましょう。堤防の上で本を読んだり、写真を撮ったり、貝殻を拾ったり。

— 家族旅行のレクリエーションですね。

表面上は家族旅行に見えてもまったく違うのは、遊んでるふりをしていて、じつは9割くらい意識が海へ行っちゃってることです。家族の会話は一切耳に入っていないという。そういうのは必ずばれます。

— 島なんか来なければよかった、と言われかねません。

本当にレクリエーションしてたら、急にぼこぼことナブラが立った時に間に合いません。小さい島の小さい港は、いい時間が一日の内でほんの一瞬です。

— のんびり朝食をとった後に堤防へ行ったら何もなかった。夜明けにはナブラが立っていたかもしれないのに。気が焦ります。

逆に、夜明けから投げて疲れ果てて昼に帰ったら、昼すぎに船だまりの奥までで

ロウニンアジ。南の島のヒラアジ類は定番

かい魚が突っ込んでいたよ、というのはよくあることです。
潮が毎日変わるのと同じように、魚の状態も毎日変わります。餌釣り師の情報をあてにしたいのなら２週間泊まること。
地元のフライマンがいたとして、その人が週に１回しか釣りをしないなら、情報はあてにできません。だからわたしは昔から「島の遠征釣りはバクチです」と言っています。
大きな島だとどうしてもウロウロする。腰が落ち着かない。中途半端に手を出している内に、旅行が終わります。初めての島だと全体を見渡せませんからね。
逆に、小さい島の小さい港を選べばあきらめもつきます。小さな島は当たれば大穴が来るけど、ほとんど当たらない。小さい島はじっくり休ませましょう。自分も休みましょう。投げ続けるのは損です。
初めての島の時合いは読めません。慣れた人でも読めない。だから、島はバクチなんです。とくに小さな島ではそこでバクチを打つしかない。

ロッドとラインシステム、番手

— 初めての島へ持って行くタックルは。

６番をメインで10番から上を１本。７、８、９番はいりません。７番、８番を使い慣れている人なら、８番を１本と10番以上を１本。９番に慣れているなら10番以上を１本だけ。あとはいりません。
慣れていない竿を旅先へ持っていったところで、どうせ振らないし、大物がかかったとしても慣れていないからやりとりもできない。だったら持って行ってもしようがない。
ふだん渓流メインの人が、離島で海フライをする計画を立てたら、事前に６〜８番に半年慣れてください。次に、10番以上に１ヶ月慣れてください。そのなかで慣れた２本を持って行けばいい。

— ラインシステムはどうでしょうか。

10番以上ならシューティングヘッドのタイプ３かタイプ４を１本だけでいいです。それに予備ラインを１セット。６〜９番なら、ウェイトフォワードのタイプ６と、シューティングヘッドのタイプ４を１本ずつ。予備ラインを１セットずつ。
リーダーは、フライラインからフライを離すために、透明度が高い海なら余計に、長ければ長い方がいい。キャスティング能力に合わせて最低10フィートから18フィートまで。０Ｘから02Ｘの12フィートに、ティペットを足して18フィートにします。
堤防の上から見ると、全長９フィート以下のリーダーではラインのすぐ後ろにフライが来る。魚はラインをこわがります。

信じたフライが一本あればいい

interview

知らない海へ！

── 最後にフライパターンです。

私のアドバイスは「信じたフライが一本あればいい」。色も含めて、自分の信じたフライパターンでいい。

大事なのは、フックサイズよりフライ全体の長さです。全長を変えたいときは２、３センチ以上の差をつけましょう。「白の#10」を交換するんだったら、６番の長めか、14番の極小サイズ。それくらい差をつけないと魚からの印象が変わりません。

フライサイズを変えて効果があるかもしれないのは、魚がフライについてきているのに食わないときや、フッキングしない時です。

まるで反応がないのにフライだけ替えても、劇的な変化はありえません。ポイントと時間を変えましょう。あるいは次の月のフェリーを予約しましょう。

何もないときはどうする

── 魚の姿が見えない時にあえて竿を振るならどう釣ればいいですか。

小魚もいない、ナブラもトリヤマもない、ただの穏やかな海のときは、タイプ４のシンキングラインでストリーマーを投げて、５秒沈めてから引きます。

５秒待てばラインが着水した際の波紋が消えます。ミスキャストしていたとしても潮の流れがフライを引っ張って、ターンオーバーさせてくれます。

水深が20メートル以上のポイントの場合、20秒、30秒、60秒とカウントダウンを変えてキャストします。１分以上カウントダウンする必要はありません。

カウントダウンを変えて３、４投して反応がなかったら、そこの場所は終わり。

── 終わりですか。

そのまま投げていても釣れません。理由は魚がいないか、フライを見切っているか、ラインや人影に怯えているか。

大きく場所ごと移動しましょう。もしくは堤防の反対側を探ってみましょう。幅10メートルの堤防でも、内と外は異なる海域です。そのうちに30分くらいはたちます。30分休ませれば最初のポイントに戻ってもいい。

カウントダウンを難しく考えるよりも、表層と中層を狙ったほうがいいでしょう。回遊性の魚がいれば表層を見ています。

タイプ４を30秒カウントダウンして引けば、７、８メートルの深さからでもやる気のある魚は浮いてきますので、安心してください。

深場から魚が出てくるのに食わないのなら、ラインを変えます。シューティングヘッドからウェイトフォワードに変えればラインの軌跡が変わることで食ってくることはよくあります。

シンクレートを変えるのも有効です。違うタイプのラインを巻いたリールを用意しておくといいでしょう。

— 異なる番手のロッドを２本現場へ持ちこむ必要はありますか。

二刀流はやめた方がいい。６番で太刀打ちできない魚を見た、ヒットして切られた時に、高番手を出しましょう。それまでは車の中にでも置いておけばいい。

とくに離島ではいつ何が起きるか分かりません。予備のフライラインはすぐ交換できるようにしておきましょう。替スプールでもかまいません。それに4号か5号のループノット付きのショックティペットをくるくる巻いて袋に入れておくことです。

分からないから面白い

— 情報のない釣り場を自分の経験とカンだけでウロウロして、どんな魚でも一匹釣れれば最高にうれしいと思います。

フライフィッシングの情報のない小さな島へ飛び込んで行くと、有史以来その島で最初のフライフィッシャーになる可能性があります。

川や湖では体験できない、未知の新しい冒険です。それで魚が釣れればいちばん楽しい。島のフライはバクチです。バクチは楽しいということです。

まったく状況の分からない中で、あえてやってみるという面白さがあります。自分でゼロから組み立てる。

べつに島でなくても、初めて開拓する新しいポイントでも同じことです。

釣り方が分からないから、どんな場所か分からないから、どんな魚がいるか分からないから、情報がないから、だからうまくいかないんだと、釣れない言い訳をする人がいます。

でもね。分からないから、面白いんです。

X
釣れば釣るほど

　時間、温度、風、潮、音。五感というより、五勘をはたらかせていた。あのバイク事故までは。

　老化を意識し始めた。受け入れつつも、老化にあらがうことが、新しいチャレンジになった。そしてますます面白くなった。

X - 1

老人と海フライ

ギシギシ、ジャブジャブ

5月15日午前3時、いつものようにはっきり目覚める。

古いマンションの一室、遮光カーテンに閉ざされた真っ暗な和室で、目覚まし時計を確認しタイマーを解除する。ほぼ毎朝、セットした時間より早く目覚める。6時間睡眠、寝るのも体力がいる。

隣の部屋で寝ている妻を起こさぬように忍び足でトイレに向かうが、古いフローリングのリビングは、歩くたびギシギシと音を立てる。

剣道で鍛えた擦り足も、今となってはただの老人の歩き方でベタベタとたどたどしい。洗面歯磨きの水も最小限に使用して気を使う。不眠症の妻にしてみれば、6時間続いた夫のいびきと無呼吸症候群が終わり、朝の2、3時間にやっと安眠できるギシギシ、ジャブジャブの儀式だ。

そーっと外に出て、階段の踊り場の灯りの下でシャリシャリ、ガサガサと釣り用のウェアを着る。新聞や牛乳配達員より早い時間なので顔を合わせることはない。

マンションの奥からバイクを引き出し、前の道路まで押して出す。アイドリング中は顔なじみの野良猫が興味なさそうに見ている。数分後、店に入ってやっと自分の居場所に落ち着く。

冬至の頃なら出かけるまで2、3時間あるのだが、夏至の頃だとゆっくりできるのは1時間ほど。30代までは釣りに出かける5分前にガバっと跳ね起きていたが、60代の今は1時間以上早く起きないと身体が動かない。

天気、風、潮

コーヒーをいれつつパソコンを起動し、天気、風、潮を確認する。パソコンの中の記録だけでなく、古いデータノートまで引っ張り出して、今日の作戦を確認する。

今日は水曜で店の定休日だ。旧暦5日の中潮。午前9時半の満潮は227センチ、その前の4時の干潮は111センチなのに、夕方午後4時半の干潮は47センチ。日中に180センチ下がる。

万の瀬川河口の砂洲が顔を出すのが潮位123センチのタイミングであることを数日前に確認していた。午後2時には目の前に下げの潮目ができる。午後4時半の干潮を過ぎても川の流れが活きていれば、40センチ弱のセイゴが釣れるだろうと予想した。

天候は高気圧にどっぷり覆われて快晴。無風ではないが、東の風なら少々強くても、下げの流れと同方向だから、ダウンクロス60度くらいならキャストしやすい。ただ同行のK君のことを考えると東風は怖いか。

干上がった砂洲が広がり、河口が狭くなって潮目までのキャストの距離が近くなるのは、午後3時頃だろうか。

K君が店へ迎えに来る午後1時過ぎまで、まだ時間はある。どう釣らせるか、どうくじけさせるか。

彼が釣れないとき、その原因がはっきりわかるように、私が釣って見せつけること

ができるか。これこそ、実戦のレッスンだと思っている。

トーストを焼き、先日採ったモリイチゴで作ったジャムを塗り、コーヒーで流しこみながら、午前中に行く予定の病院の待ち時間で読む本を捜す。今日は大岡玲著『文豪たちの釣旅』にした。

受付に一番乗りするとしても、今からたっぷり2時間は釣りができる。毎朝の海辺の散歩と称した〝探り〟の釣りをするか、最近始めたスペイキャストの練習をするか。

定休日の今日くらいは、朝の釣りは休もうかとも思ったが、前日と同じピンカマス釣りをしようと決めた。ポイントは昼から行く河口より8キロメートル南の小湊港だ。

同じ道を一日で2往復することになる。

ピンカマスを52匹

45歳のとき、堤防の先端まで行ってバイクでこけた。左足前十字靱帯断裂で入院、手術、リハビリ合わせて2年間バイクでの釣りができなかった。

バイク事故以降は、しゃがむことができない。早起きして軽く食べ、トイレを済ませてから釣りに行く習慣を身に付けたのだが、この日は小湊のトイレを使うと決めた。

午前4時過ぎに店を出発。5時前に小湊へ着いた。小湊港のトイレにはツバメの巣がある。今年は数が増えてトイレの中にまで巣作りしていた。ツバメ夫婦が出入りできるようにドアは開けっぱなし。ぽつんと明るい開けっぱなしのトイレは目立つ。

午前5時から6時20分、風が吹くとたなびきそうなサイズのピンカマスが52匹の入れ食いになった。快晴で海が澄みきっていたので、太陽が20度くらいに昇ると、食いが止まって終了。

前日分と合わせて111匹。目標の600匹まではほど遠くてため息がでる。濁りと潮が合えば初心者でも1日400匹釣れるが、そんなバカ根性の持ち主はそういない。

ピンカマスの下処理にはバラ氷の水氷が便利だ。4、5センチ角の氷をたっぷりの塩水に浸けて、小一時間バイクで揺らして帰ると、鱗はきれいにとれている。距離が近いときは、わざとデコボコ道を選んで帰る。

ときには蛇行運転をするので、竹やりマフラーを立てた暴走族じじいライダーに見えることもあるだろう。私のバイクの後ろにはロッドケースが刺さっている。

干物を作る

午前8時、釣り場から病院に直行。釣りのウェアを脱ぎ、洗面所でカマス臭い手と顔を洗い、受付に並ぶ。

名前呼ばれて診察室へ。「おかげん、どうですかぁ？」

「死ぬほど元気です。」

「うーん、まだ少し血圧が高いですねぇ。お食事は塩分控えめですよー。」

「いやぁ、センセ、実はいまも浴びるほど塩分まみれの帰りです。午後からもどっぷり浸かってきます。」

会計を待つ間、事務にいるはずのK君の奥様を探してみるが顔を知らない。あちらは私の顔も知っている。ちょっと不公平だ。でも、この病気持ちがこれからダンナと釣りに行くことは知らないだろう。薬局で薬を受け取り、午前10時に店に帰った。

店の台所へ、すっかりカマス汁と化した水氷をぶちまけた。30年使い続けているサカイの包丁でピンカマスの頭と内臓をとり、塩水で洗い、30分浸ける。

塩梅はいつも目分量なのに、もらった人からプロの塩加減と言われるたびに恐縮する。自分ではカマスの干物をほとんど食べたことがないので、プロの塩加減の味を知らない。午前11時、さばき終えた魚を干し台に並べて干す。魚は小さいし、少し風があるので早く干し上がるだろう。

この間にセイゴ釣りの準備と食事をする。午後1時にカマスを取り込んで、袋に詰めて冷凍庫へ。午後1時半、K君が来た。

今日の本番が始まる。

港に着くまでは無風なのに

万の瀬川河口まで32キロメートル。

道が良くて信号が少ないので、夜明け前なら32分で行けるが、昼は45分かかる。道中、のぼり旗や草木が揺れないので現地も無風と思い込んだK君は、期待感から興奮気味だ。

いつもなら、これから狙う魚とポイントの条件や過去のデータを話しながら行くのだが、K君は数日前にも一緒に行って、ライズを前にしての納得できない釣りだった。

今日は気合いが入っている。

気圧配置を確認していた私は、現場では上流からの東風が吹くことを予想していた。右利きのK君には最悪の風向きだが、夕方には少し凪いでくるだろう。

港に着く直前まで無風なのに、海辺に立つと強風という経験を何度もしてきた。K君もこれから何度も期待を裏切られて成長していくのだろう。

経験が成長のこやしになるとはいえ、自分の場合はどうだっただろうか。学習能力の無さは恥ずかしいぐらい、経験値がものを言うまで何年かかっただろう。才能ある若い人は苦労しないかもしれないが、なるべくイバラの道より平坦な近道を教えよう。

先生と書いて、先に生まれたと読む。先に歩いた者は後から来る人の踏み台になればよい。ただ、簡単に踏みつぶされるものか。

ストリーマーは結んだままで

予想通り、河口は北東の強風だった。

入れ食いになる予想時間より少し早いので、風の当たらない右岸のチヌポイントに入る。小型のハゼ類はいるが豆アジは見当たらない。チヌもセイゴもそこにはいなかった。K君も少しテンションが下がったようだ。

この日は潮位が180センチ下がる中潮だが、この30分で20センチ以上下がった。そろそろいいだろう。ぐるっと回って、河口の左岸の砂洲へ。遠目に見てもいい感じの砂洲が頭を出している。遮るものがない広大な砂洲には、上流からの風が吹きわたっている。

昔この場所でヒラアジが釣れた時代、無風快晴が入れ食いの条件だった。風と波が立つとチヌもセイゴも食いが悪くなる。風は強いが波は立っていない。悪くない。

対岸の右岸にはルアーマンがあちこちに立ち込んでいる。流芯の地形の変化を知っている私には、そこにできるV字の潮目はすぐにわかった。午後3時を少し回っていた。

K君に「ここらへんでいいよ。」と声をかけて、ティペットに結んだままのストリーマーをリールから引きだした。＃3フックに巻いた7センチもあるシャッド・マツーカを、4番ロッドのガイドへ通していく。

強度の近視と乱視に加え、老眼が進んでからは、太いティペットを使っていても通し忘れがある。ライズを目の前にしてから結ぶループノットは気ばかり焦って失敗する。もう10年以上、出発前にフライは結んである。

「もらった!」

ラインはクリアーのインターミディエイトのシューティングヘッドに、細いランニングライン。これを25ヤード引きだしたとき、潮目でナブラが始まった。

「もらった！」

と叫んで第1投。横風と下げ潮に押されるので、45度のダウンクロスキャスト。3ストロークでヒット、即ジャンプ。35センチの背っぱりセイゴ。2投目、3投目もヒット。K君はまだ準備中。

準備ができたK君と場所を替わってキャストさせるが、力が入り過ぎ、ロッドにラインやフライが当たり、前に飛ばない。

やっと前に飛んだとき、彼の目の前でライズ！　それは私が4投目で釣った4匹目のセイゴのエラ洗いだった。

K君をこれ以上刺激するのはよそう。上流へ移動して、流れに直角にクロスするようにキャスト。ヒットしたセイゴがK君の視界に入らないようにした。5投目もヒット、そして6投連続ヒット。

匹数を数えたのはここまで、どうせ数えていても、あれっ、いまいくつだったっけ？となる。当たり前の老化現象だ。

1キャスト、4ヒット

さて、K君にどう釣らせるか。

キープしたい、ばらしたくない、と焦ってたまにヒットするも、ばらしてばかりのK君。

とりあえず、彼の横で次々にヒットさせる。セイゴが興奮状態になったのか、それともエサの豆アジが多くなったのか、広範囲にライズが続くようになった。このキャスト距離ならK君にも届くだろう。

私は10投して、ヒットがないのは1、2投だ。ばらしても、次の2、3回のストロークでまたヒットする。

アワセなければ1キャストの内に4回のストライクとヒットがある。3回わざとばらした後に最後の1匹をフッキングさせ、ランディング&リリースする。

途中で釣りの様子を動画撮影したが、それにも飽きてパイプに火をつけて休憩した。

川の流れへスイングさせる

K君はキャストはともかく、リトリーブが小さいし、ヒットした途端に、もっと小さくラインを引いている。言いたいことがたくさんある。が、まだちょっかいを出さない。

老人はせっかちだ。休憩したのも数分。キャスト即リトリーブは疲れたので、川のウェットフライのように、河口の流れへストリーマーをスイングさせてみる。すると一発でひったくって行った。

バスケットの中にはシュートした後の余計なラインは残っていないから、いきなりリールが逆転。マリエットM1のドラグはいつもフリーだ。バックラッシュしない程度に少し締めて、G・ルーミスのイーストフォーク4番ロッドを起こそうとした。

起きない！　トップはがくんがくんとお辞儀する。45度まで起こそうとしたが、バット部だけでなくコルクグリップまで曲がる。

スピードはさほどないが重い引き。上流にも下流にも行かず、対岸へ突っ込む。大型のチヌかヒラメではないか。

今日すでに30匹以上のセイゴを釣っている2Xティペットは傷だらけで伸びきっているだろうから、無理はできない。

時計を確認すると16時10分。巻いては突っ込み、巻いては走ること14、5回、まだ弱らない。一度もジャンプしていない。チヌの可能性は低い。大型のコチか、それともメータークラスのサメか。

砂浜に上がり、足場を固めた。これなら横移動がしやすい。

このへんな魚をヒットさせてから、セイゴのライズは全く無くなった。しかし下流側では、K君が必死にキャストを続けている。

私の姿を見て、大型魚とのやりとりを覚えて欲しいが、今はまだ無理な注文だろう。

魚も人もへとへと

対岸にいるルアーマンたちが魚に気づいたようだ。

無知か、悪意か、ファイトしている私を目がけてジグをキャストしはじめた。40ヤード以上魚に引き出されているフライラインをルアーに掛けられたらおしまいだ。

魚は一度もエラあらい、ジャンプをしないまま、少しずつ力が弱まり、15ヤードに寄せたらがくんと弱まった。

10ヤードに近づいたがまだ姿を見せない。ロッドを60度に保ったまま、砂浜をゆっくり後ずさりして魚とロッドの距離を縮めず、ラインの角度を低く保ったまま寄せる。

K君は離れたまま立って見ている。怖くて手出しできないのだろう。その方がいい。慌ててリーダーを掴んだら切れたりばれることもある。

岸際から3メートルのところで、魚が横向きにヒラを打った。

「なーんだ、スズキかよー。」

そのまま後ろへ下がり、スズキを浜に乗せる。時計を見ると16時24分。

長さを手で測る、74センチ。手のひらをめいっぱい広げて、小指と親指の先が20センチ。人差し指の関節から先が5センチ。

他人の魚はてのひらを広げて測り、己の魚は少し緩めて測る。今日は正直に測った。

K君に聞いた。

「スズキいる?」

「いいえ、いりません。」

流れに浸かり、水中で魚を手で支えて体力が回復するまで待った。魚もへとへと、老人も筋肉痛でへとへと。

ロッドを突き出せ!

能天気なセイゴがまたライズし始めた。パイプに火をつけて、Kくんのキャストとリトリーブを見る。釣り場ではキャストについては言わない。次の芝生の上でのキャスティング・レッスンでどうするかを考えている。

「フライの後ろでギラギラしている! たくさんついてくるのに掛からない!」

K君にはなかなかヒットが続かない。そろそろ教え時かなと、よっこらしょと腰を上げキャスト。

「K君、見てろ!　ロッドを腹の前から突き出せ!　そうすればストロークを長くとれる。あんたは30センチしか引けてない。こういう風に2倍の長さを引けば簡単にスピードアップできるんだ。ほら、ヒット!」

それから午後5時まで、K君の快進撃が始まった。彼のクーラーには15匹のセイゴが収まった。

老人は釣れば釣るほど、身体がきつくなる。若者は釣れば釣るほど、身体が覚える。

X - 2

海フライ中毒

フライフィッシングの入門者が、初めから海フライを目指すようになってきたのは、1990年代に入ってからです。6番のキャスティング練習ロッドを、そのまま海の釣り場へ持ちだしました。

全国には渓流のフライフィッシングをやってから、海フライを始めたという人が多いでしょう。私たちの仲間は逆に、海で30ヤード以上を当たり前にキャストする釣りをしてから、渓流に降り立つ人が増えています。

いろんなアクションの6番ロッドを振りこなせるようになると、12番も3番もすぐに振れます。グラファイトもグラスもバンブーロッドも問題なく振れます。

ヤマメもヒラススズキも同じ

フライフィッシングを始めたい、という初心者には、まずフライフィッシングの対象魚を長々と列挙します。ヤマメもヒラスズキも対象魚種の一つにすぎないことを説明します。

ところが、川でも海でも釣れる魚は全部釣りたいと言う人ばかりではありません。フライフィッシングなんだからヤマメを釣りたい、と答える人が多いのです。

そんな方に、1年の半分しか釣れないヤマメよりも、1年じゅう毎日のように釣れるご近所の魚をたくさん釣って、遊びの腕を上げましょう。その後で、好きな魚がいたらのめり込んだらいい。どんな魚でも釣りの考え方や釣り方には、共通点が多いのですから。と説明しても聞いてくれません。

半数が脱落する

入門者には、フライフィッシングにおけるフライキャスティングの重要性と、キャスティングの練習に必要な膨大な時間を説明します。フライタイイングは楽しいから後回しです。

フライキャスティングの練習をゼロから始めて、実戦デビューまでには早くても3ヶ月から半年はかかるのですよ、と。

ここまで話して目が死んでしまう相手は、次週のキャスティング・レッスン日に顔を見せません。

実は、レッスン生の半分以上が脱落します。挫折は仕方ないとしても、勝手に卒業して釣りに行ってしまいます。そして自爆します。

渓流や湖で自爆しても傷は浅いのですが、海で自爆するとたいがい終わります。フライフィッシングを諦めてしまうのです。

だから、実戦デビューの時期と魚は、厳選します。釣りやすいピンカマスやセイゴは、デビュー相手に最適の魚です。

いよいよデビュー

初心者がフライフィッシングにデビューする記念すべき日には、手を抜かず、私も必死に釣ります。初心者に釣らせた上で、圧倒的大差をつけてやります。当然同じフライで。つまり凹ませてやるのです。

その時の凹み具合を見てキャスティング

だけでなく、これからの釣りのレッスンの方向性を決めます。

人によっては、凹まないで言い訳だらけの自画自賛をする人もいます。実戦デビューで凹んで、さらに練習量が増える人は、ちょっと難しい釣りへ連れて行きます。するとさらに練習するようになります。

最初からうまく事が運んで、すぐ天狗になる人もいます。天狗の鼻をもっと高くさせてから、鼻をへし折るのも私の仕事です。

とにかく1年目はなんとかなだめすかして、釣りの回数を増やし（年100回以上）、次のテーマを提示します。

何に満足するかは人それぞれ

たとえば、ヒラスズキの大型をめざして悩んでいる人に、10番ロッドでセイゴを釣らせてはいけません。10番ロッドならカンパチの30センチを釣らせます。そうすれば8番、6番ロッドでのヒラスズキ釣りにも慣れていきます。

いったん自信がつくと、サラシのヒラスズキよりも、カンパチの45センチの方が難しいことに気づきます。そのうちライトタックルでのヒラスズキと、ヘビータックルでのカンパチの、両方とも攻略できるようになります。

逆に、いつも6番ロッドで小物ばかり釣っている人には、4番ロッドを使うことを教えます。

海のフライフィッシングで大物を相手にするとき、タックルをどこまで強化するか、釣り人の腕をどこまで上げるべきか。口を酸っぱくして語っている私の話が、やっと理解できるようになるのはこの頃です。

個々の釣り人の満足度を増大させるために、様々なバリエーションに応じた情報とアドバイスを提供する。これができなければ、初心者はついてきません。

非常に難しいことですが、私が現役を続けている間は、一歩でも半歩でも前を歩いて、共に悩むことができると思っています。

練習は続けているか？

人間50歳を越えると丸くなるといいます。私は55歳を越えてから、キャスティング・レッスン中に面と向かって生徒へ破門を言い渡すほどに、とんがってきました。

5パーセントでも可能性があれば、熱く語り、何百時間でも付き合います。お互いへとへとになるまで、悩み続けます。

27歳の時に出会って2、3年後、私のフライキャスティングの師匠、オムリ・トーマス氏に東京で再会することができました。

師は言いました。

「練習は続けているか？ 何人教えているか？」
思えば師の言葉の通りに、40年間も続けてきたのでした。私はもう当時の師匠の歳を越えてしまいました。
人にキャスティングを教えたがらないという噂だった師匠の気持ちが、今は分かります。40年前のあの日、フライキャスティングに飢えた薩摩のイモ兄ちゃんのぎらぎらした眼に、師匠が応えてくれたのだと思います。

一人と真剣に向き合うこと

どんなに経験豊かな凄腕インストラクターでも、集団レッスンで一人あたりにかける時間がたった数分ずつでは、生徒個人それぞれに合ったキャスティング・スタイルをアドバイスすることはできません。
スクールはただのデモンストレーションとレシピの押しつけでしかありません。真面目に練習した人ほど、次回はキャンセルするでしょう。
１年にせいぜい数日のキャスティング・スクールでは、地味でうけない基本を省略して、フライフィッシングの表面的な面白さだけを強調するイベントになってしまうのは当然です。
お客さんと密接に接することができる個人のフライショップであればこそ、どこでも、どんな状況でも、どんな魚でもチャレンジできるフライキャスティングの基本をしっかりと教えることができるのではないでしょうか。
キャスティングが上手いということと、教え方が上手いこととは違います。
下手でもいい、一人の初心者と真剣に向き合って、一緒に悩んで、ちょっとでも無理のないキャスティングを時間をかけて創り上げていく。個人店にしかできないこと、それが無料のしつこいレッスンだと思います。
ひいきの常連と釣りに行くよりも、初心者と釣り場で無料レッスンした方が、明るい未来はあるでしょう。

フライ中毒は治らない

いま私は、年に一人でもフライ中毒者を育てることができればいいと思っています。
私と一緒に釣りをしてきたベテランのうち、今までフライフィッシングを引退した人の理由は、死亡、転勤、怪我、病気のためがほとんどです。
仕事や家族の都合で中断した人でも、フライ中毒者は必ずフライフィッシングへ戻ってきます。
フライ中毒になった釣り人は、かならず以下の経過をたどります。
第一期は、初心者を教えたがります。レッスン会場に来て、初心者の面倒を見てくれるのならまだしも、私の知らないところで個人レッスンを始めます。必死になればなるほど、初心者は潰れていきます。５人も初心者を潰したころに症状は治まり、本人の腕だけが上がります。

第二期の症状はマンネリ化です。「ストリーマー、1万本巻いてもストリーマー」という名言があります。細部をいじっても新鮮味を感じられず、釣り全体にマンネリ化を感じる頃です。そんな人には新魚種の開拓をさせると効果的です。これはすごく難しいテーマなので、燃え尽きることはありません。

第三期の末期症状は、すべてに枯れます。力の抜けたゆったりとしたフォームなのに30ヤード運んでしまう。リトリーブの小細工に無頓着になり、フライパターンもどんどんシンプル化して、フライの後ろをついてくるだけの魚を見て喜ぶようになる。

せっかくヒットしても合わせず、勝手に向こう合わせでかかった魚がバレるまで、竿を立てずに待って遊んでいる。

いったんこういうふざけたベテランになってしまうと、残念ながらもう元に戻ることはありません。

海に加えて渓流のフライフィッシングを始めると、中毒症状は治らないものの、海と川の両方でフライフィッシングをずっと楽しみ続けるようです。

さてフライ中毒の私は、いまだに初期症状が続いています。40年で400人も教えて、自分はたいして進歩せず、マンネリ化するどころか、毎年同じ魚を追いかけています。

これから、明日の朝の釣りの作戦を立てるところです。

あとがき

1970年代に郷里の鹿児島へ戻ると同時に、おかっぱりの海のフライフィッシングを始めました。思い返すと当時のフライフィッシングは、子どものころから慣れ親しんできた磯釣り、船釣り、ルアー釣りの経験のモノマネでした。フライフィッシングならではの一歩を踏み出せていませんでした。

先達がいるのではないかと海外の文献を漁りましたが、岸からの海のフライフィッシングで欲しい情報はありませんでした。そこから手探りの海フライが始まりました。

足元の海を見直して、餌釣りの常識の中で、どれがフライフィッシングに役立つのか、どれが役に立たないのかを見極めていく内に、海でのフライフィッシングがだんだんと形になり、魚を手にする結果へつながるようになっていきました。

そこからはたくさんの人を巻き込み、季節ごとに増えていく釣り仲間たちと協力しながら、海のフライフィッシングの基礎を作ってきました。

近年、北海道でブリやシイラが釣れているといいます。これまでは主に南方で釣れていた魚たちです。南も北も、ひとつの海でつながっていることを実感します。

今後、日本各地で海のフライフィッシングがもっと盛んになれば、本書の内容への共通の理解が進むことでしょう。月の満ち欠けを示す旧暦の潮も、正確なキャスティングも、自由自在なリトリーブも、海フライで思い通りに釣るために必要不可欠なものとして、多くの方に認識してもらえると思います。

私は地元の南九州を中心に海のフライフィッシングを続けてきました。本書に記した海フライの情報と技術は基本的な原理のようなものですから、全国どこの海でも通用します。しかしフライパターンもテクニックも特定地域での実績だけでは信頼度は上がりません。

ぜひあなたの地元の海で試してください。そしてフライフィッシングで海の魚たちと思う存分遊んでください。

本書がきっかけになって全国で海フライ人口が増えれば、とてもうれしいことです。おかっぱりの海フライが今後さらに、日本発祥の独自のフライフィッシングとして発展すれば、一釣り人としてこの上ない喜びです。

2018年春
中馬達雄

海フライの本③
海のフライフィッシング教書

著者 ………………………… 中馬達雄 Tatsuo Chuman

挿入写真：中馬達雄、夢屋の皆さん、『フライの雑誌』編集部
協力：夢屋の皆さん　イラスト：村川正敏

※本書は、『フライの雑誌』第64号（2004年2月）から第113号（2017年12月）掲載の連載、〈悩まないフライマンたちへ〉を大幅に加筆、再編集し、新たに書き下ろしを加えたものです。

発行日　2018年3月20日　初版
編集発行人　堀内正徳
発行所　（有）フライの雑誌社
〒191-0055　東京都日野市西平山2-14-75
Tel.042-843-0667　Fax.042-843-0668
www.furainozasshi.com/
印刷所　（株）東京印書館

Published/Distributed by FURAI-NO-ZASSHI　2-14-75 Nishi-hirayama,Hino-city,Tokyo,Japan

フライの雑誌社の単行本

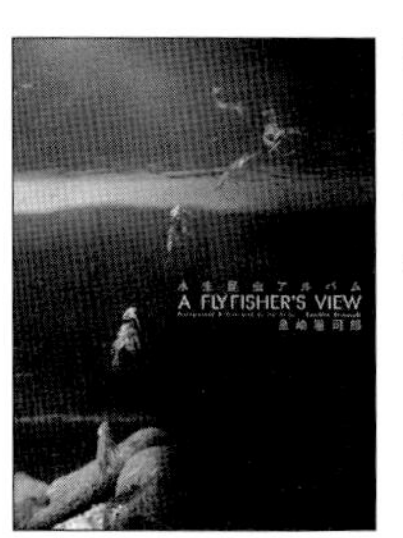

新装版
水生昆虫アルバム
A FLY FISHER' S VIEW

島崎憲司郎　＝文・写真・イラスト

現代の古典にして大ベストセラー！
水生昆虫と魚とフライフィッシング
特別付録「シマザキワールド 11」
939003-15-8
A4 変型判　本体 6,285 円

海フライの本 ❷
はじめての海フライタイイング&パターン BOOK

牧浩之　＝文・写真・タイイング

日本初の海フライタイイング
専門書　書籍版・品切れ
完全電子版　本体 1,134 円

山と河が僕の仕事場

牧浩之　＝著

頼りない職業猟師＋西洋毛鉤釣り職人ができるまでとこれから【重版】
939003-64-6
A５判　本体 1,600 円

山と河が僕の仕事場②

牧浩之　＝著

狩りと釣りで５年暮らした。
新しい職業猟師の
かたちが見えてきた
939003-69-1
A５判　本体 1,600 円

バンブーロッド教書

永野竜樹　＝訳・著

現代はバンブーロッドの黄金期である。魅力の全てを一冊にまとめました
939003-57-8
A５判　本体 3,619 円

淡水魚の放射能

水口憲哉　＝著

川と湖の放射能汚染の実態と未来。独自の解析から明かされる真実
939003-52-3
A５判　本体 1,143 円

目の前にシカの鼻息

樋口明雄　＝著

大藪賞受賞作家、ユーモアと人間味あふれる待望の初エッセイ集！
939003-44-8
四六判　本体 1,714 円

桜鱒の棲む川

水口憲哉　＝著

世界唯一のサクラマス単行本。サクラマスの秘密を知りたい方の必読書
939003-39-4
四六判　本体 1,714 円

魔魚狩り

水口憲哉　＝著

ブラックバスは、
濡れ衣だ！ 異色の
ベストセラー【3刷】
939003-12-7
四六判　本体 1,714 円

イワナをもっと増やしたい！

中村智幸　＝著

渓流の愛らしいイワナたちを幻の魚にしないためにできること【重版】
939003-27-1
新書判　本体 1,143 円

文豪たちの釣旅

大岡玲　＝著

文豪 14 人が描いた釣りと旅と作品世界を芥川賞作家・大岡玲が案内します
939003-50-9
新書判　本体 1,143 円

宇奈月小学校フライ教室日記

本村雅宏　＝著

黒部川最上流の小学校を舞台にした新任教師と生徒の感動の成長物語
939003-31-8
B６判　本体 1,714 円

朝日のあたる川

真柄慎一　＝著

29 歳、家無し、職無し、彼女あり。赤貧にっぽん釣りの旅 23,000 km！
939003-41-7
新書判　本体 1,143 円

葛西善蔵と釣りがしたい

堀内正徳　＝著

結びこぶだらけの
微妙なエッセイ集
青森県近代文学館展示
939003-55-4
B６判　本体 1,500 円

---

www.furainozasshi.com　　(有) フライの雑誌社

東京都日野市西平山 2-14-75　TEL.042-843-0667